1か月で復習する
フランス語基本の文法

浅見 子緒

語研

はじめに

『1か月で復習するフランス語基本の文法』をお手に取ってくださった皆さまへ，心よりお礼申し上げます。本書は『1か月で復習するフランス語基本の500単語』（語研刊，著者：ロイク・ホゲス／ホゲス金村利香）の同シリーズとして企画されました。基礎単語と平行しながら文法を復習することで，より体系的に学習が定着することを目的としています。

さて，皆さんが「文法の学習」と聞いたときどのようなイメージを思い浮かべますでしょうか。おそらく（私が以前そうだったように）読み書きしている姿を想像される方もいらっしゃることと思います。ところが，文法は本来「使う」ためにあります。読み書きと同じくらい，文法を「聞いて話すこと」も大切です。本書では皆さまに「使える文法」を身に付けていただけるよう，会話によるアプローチや練習問題のような実践的な内容を盛り込みました。皆さまが日常生活に溶け込む文法を感じるとともに，「使える文法」を手に入れられるようなことがありましたら，著者としてこれほどうれしいことはございません。この1か月，「使える文法」をイメージしながらお付き合いいただけましたら幸いです。

最後にこの場をお借りし，本書の企画編集を丁寧にご担当くださいました株式会社語研編集部の西山美穂さん，校閲をお引き受けくださいました『1か月で復習するフランス語基本の500単語』の著者ロイク・ホゲス先生，慶應義塾大学大学院の松木瑶子さんへ謝辞を申し上げるとともに，温かいご声援をお送りくださる読者の皆さま，変わらぬご指導をくださる恩師の先生方や先輩方，向上心溢れる生徒の皆さん，そして家族へ感謝の言葉を述べさせていただきます。

著者

目次

【ナレーション】ベルナデット・メイヤー／ロマン・ボキヨン
【装丁】クリエイティブ・コンセプト

本書の構成

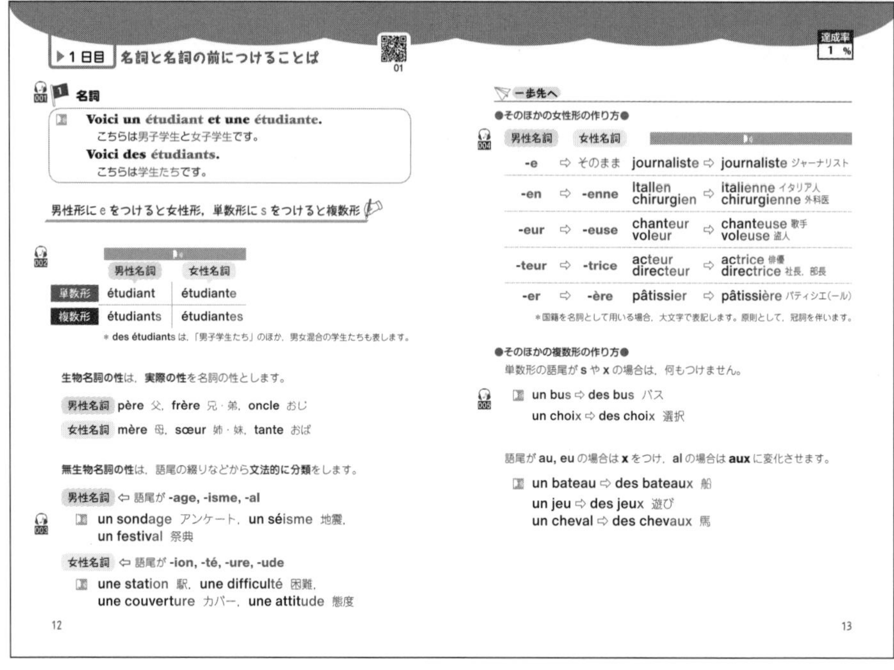

▶1日目 名詞と名詞の前につけることば 01

達成率 1 %

1 名詞 001

Voici un étudiant et une étudiante.
こちらは男子学生と女子学生です。
Voici des étudiants.
こちらは学生たちです。

男性形に e をつけると女性形，単数形に s をつけると複数形

002

	男性名詞	女性名詞
単数形	étudiant	étudiante
複数形	étudiants	étudiantes

＊des étudiants は，「男子学生たち」のほか，男女混合の学生たちも表します。

生物名詞の性は，実際の性を名詞の性とします。

男性名詞 père 父，frère 兄・弟，oncle おじ

女性名詞 mère 母，sœur 姉・妹，tante おば

無生物名詞の性は，語尾の綴りなどから文法的に分類をします。

男性名詞 ⇦ 語尾が -age, -isme, -al

003 un sondage アンケート，un séisme 地震，un festival 祭典

女性名詞 ⇦ 語尾が -ion, -té, -ure, -ude

une station 駅，une difficulté 困難，une couverture カバー，une attitude 態度

12

一歩先へ

●そのほかの女性形の作り方●

004

男性名詞		女性名詞			
-e	⇨	そのまま	journaliste	⇨	journaliste ジャーナリスト
-en	⇨	-enne	Italien chirurgien	⇨	italienne イタリア人 chirurgienne 外科医
-eur	⇨	-euse	chanteur voleur	⇨	chanteuse 歌手 voleuse 盗人
-teur	⇨	-trice	acteur directeur	⇨	actrice 俳優 directrice 社長，部長
-er	⇨	-ère	pâtissier	⇨	pâtissière パティシエ(ール)

＊国籍を名詞として用いる場合，大文字で表記します。原則として，冠詞を伴います。

●そのほかの複数形の作り方●

単数形の語尾が s や x の場合は，何もつけません。

005 un bus ⇨ des bus バス
un choix ⇨ des choix 選択

語尾が au, eu の場合は x をつけ，al の場合は aux に変化させます。

un bateau ⇨ des bateaux 船
un jeu ⇨ des jeux 遊び
un cheval ⇨ des chevaux 馬

13

● 本書は，1か月（平日5日×4週間＝20日間）でフランス語の基礎文法の復習を終えられるように構成されています。各週とも，1～3日目に「文法」，4日目に「会話」，5日目に「週のまとめの練習問題」を充てました。1日に学習する「文法」は3項目で，初めの見開きページは文法解説，次のページは練習問題を基本としております。解説はなるべく簡潔にし，少しレベルアップした内容は「一歩先へ」にまとめました。

●学習進行の目安として，右ページの右上に達成度を表記しました。

● 1日の終わりには学習の記録を付けます。右ページ右上に日付を記載してください。

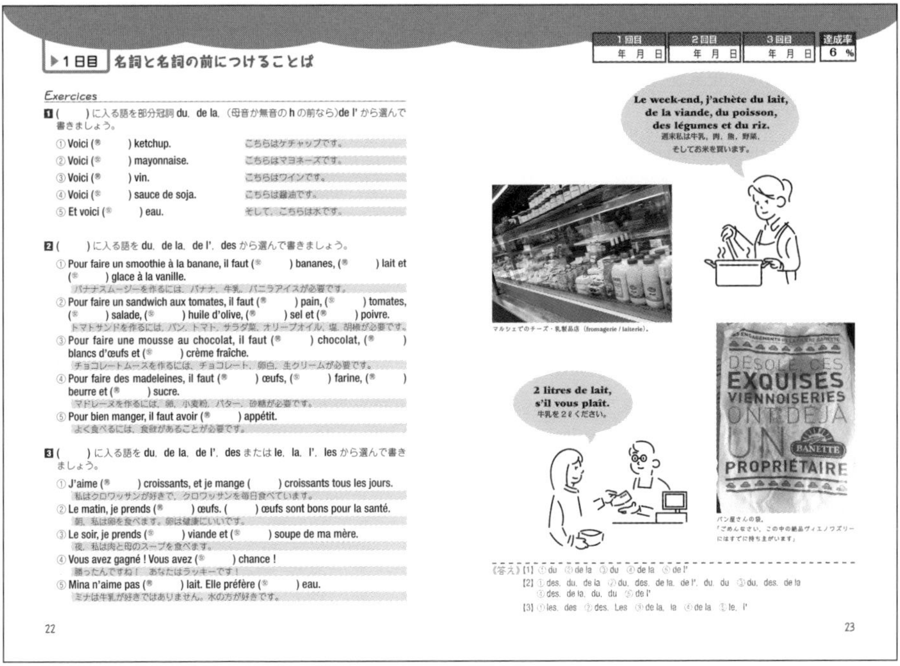

▶1日目 名詞と名詞の前につけることば

1回目	2回目	3回目	達成率
年 月 日	年 月 日	年 月 日	6 %

Exercices

1 (　　) に入る語を部分冠詞 du, de la, (母音か無音の h の前なら)de l' から選んで書きましょう。

① Voici (　　) ketchup.　こちらはケチャップです。
② Voici (　　) mayonnaise.　こちらはマヨネーズです。
③ Voici (　　) vin.　こちらはワインです。
④ Voici (　　) sauce de soja.　こちらは醤油です。
⑤ Et voici (　　) eau.　そして、こちらは水です。

2 (　　) に入る語を du, de la, de l', des から選んで書きましょう。

① Pour faire un smoothie à la banane, il faut (　　) bananes, (　　) lait et (　　) glace à la vanille.
バナナスムージーを作るには、バナナ、牛乳、バニラアイスが必要です。
② Pour faire un sandwich aux tomates, il faut (　　) pain, (　　) tomates, (　　) salade, (　　) huile d'olive, (　　) sel et (　　) poivre.
トマトサンドを作るには、パン、トマト、サラダ菜、オリーブオイル、塩、胡椒が必要です。
③ Pour faire une mousse au chocolat, il faut (　　) chocolat, (　　) blancs d'œufs et (　　) crème fraîche.
チョコレートムースを作るには、チョコレート、卵白、生クリームが必要です。
④ Pour faire des madeleines, il faut (　　) œufs, (　　) farine, (　　) beurre et (　　) sucre.
マドレーヌを作るには、卵、小麦粉、バター、砂糖が必要です。
⑤ Pour bien manger, il faut avoir (　　) appétit.
よく食べるには、食欲があることが必要です。

3 (　　) に入る語を du, de la, de l', des または le, la, l', les から選んで書きましょう。

① J'aime (　　) croissants, et je mange (　　) croissants tous les jours.
私はクロワッサンが好きで、クロワッサンを毎日食べています。
② Le matin, je prends (　　) œufs. (　　) œufs sont bons pour la santé.
朝、私は卵を食べます。卵は健康にいいです。
③ Le soir, je prends (　　) viande et (　　) soupe de ma mère.
夜、私は肉と母のスープを食べます。
④ Vous avez gagné ! Vous avez (　　) chance !
勝ったんですね！ あなたはラッキーです！
⑤ Mina n'aime pas (　　) lait. Elle préfère (　　) eau.
ミナは牛乳が好きではありません。水の方が好きです。

22

Le week-end, j'achète du lait, de la viande, du poisson, des légumes et du riz.
週末私は牛乳、肉、魚、野菜、そしてお米を買います。

マルシェでのチーズ・乳製品店 (fromagerie / laiterie)。

2 litres de lait, s'il vous plaît.
牛乳を2ℓください。

DÉSOLÉ, CES EXQUISES VIENNOISERIES ONT DÉJÀ UN PROPRIÉTAIRE
BANETTE

パン屋さんの袋。
「ごめんなさい、この中の絶品ヴィエノワズリーにはすでに持ち主がいます」

《答え》【1】① du ② de la ③ du ④ de la ⑤ de l'
【2】① des, du, de la ② du, des, de la, de l', du, du ③ du, des, de la ④ des, de la, du, du ⑤ de l'
【3】① les, des ② des, Les ③ de la, la ④ de la ⑤ le, l'

23

●本書の無料音声の視聴方法は以下になります。

① 弊社ホームページにアクセスしていただき，本書紹介ページの【無料音声ダウンロード】をクリックすると，ファイルごとに分割した音声をダウンロードできます。また，下記 URL または QR コードを読み取ると本書紹介ページにアクセスします。
https://www.goken-net.co.jp/catalog/card.html?isbn=978-4-87615-373-2

② 左ページの右上に記載された QR コードを読み込むと，見開き分の音声が視聴可能です。

●音声は自然な発声を身に着けるため，ふつう～ややゆっくりめのスピードで収録してあります。

学習計画表

●約 1 か月弱で終えるためのスケジュールモデル《月曜開始の場合》

	月	火	水	木	金	土	日
日付⇨	／	／	／	／	／	お休み or 復習	お休み or 復習
	p.12～23 1 日目	p.24～35 2 日目	p.36～47 3 日目	p.48～55 4 日目	p.56～61 5 日目 まとめ問題		
チェック⇨	済	済	済	済	済		
	月	火	水	木	金	土	日
	／	／	／	／	／	お休み or 復習	お休み or 復習
	p.62～73 6 日目	p.74～85 7 日目	p.86～97 8 日目	p.98～105 9 日目	p.106～111 10 日目 まとめ問題		
	済	済	済	済	済		
	月	火	水	木	金	土	日
	／	／	／	／	／	お休み or 復習	お休み or 復習
	p.112～123 11 日目	p.124～135 12 日目	p.136～147 13 日目	p.148～155 14 日目	p.156～161 15 日目 まとめ問題		
	済	済	済	済	済		
	月	火	水	木	金	土	日
	／	／	／	／	／	お休み or 復習	お休み or 復習
	p.162～173 16 日目	p.174～185 17 日目	p.186～197 18 日目	p.198～205 19 日目	p.206～211 20 日目 まとめ問題		
	済	済	済	済	済		

＊開始日を記入し，終わったら済マークをなぞってチェックしてください。

●計画表フリースペース（自分なりのスケジュールを立てたい方用）

／	／	／	／	／	／	／
済	済	済	済	済	済	済
／	／	／	／	／	／	／
済	済	済	済	済	済	済
／	／	／	／	／	／	／
済	済	済	済	済	済	済
／	／	／	／	／	／	／
済	済	済	済	済	済	済

＊上から曜日，日付，何日目，済マークのチェック欄になります。自由にカスタマイズしてお使いください。

▶1日目 名詞と名詞の前につけることば

名詞

Voici un étudiant et une étudiante.
こちらは男子学生と女子学生です。
Voici des étudiants.
こちらは学生たちです。

男性形に e をつけると女性形，単数形に s をつけると複数形

	男性名詞	女性名詞
単数形	étudiant	étudiante
複数形	étudiants	étudiantes

＊ des étudiants は，「男子学生たち」のほか，男女混合の学生たちも表します。

生物名詞の性は，**実際の性**を名詞の性とします。

男性名詞 **père** 父，**frère** 兄・弟，**oncle** おじ

女性名詞 **mère** 母，**sœur** 姉・妹，**tante** おば

無生物名詞の性は，語尾の綴りなどから**文法的に分類**をします。

男性名詞 ⇦ 語尾が **-age, -isme, -al**

un sondage アンケート，**un séisme** 地震，
un festival 祭典

女性名詞 ⇦ 語尾が **-ion, -té, -ure, -ude**

une station 駅，**une difficulté** 困難，
une couverture カバー，**une attitude** 態度

一歩先へ

●そのほかの女性形の作り方●

男性名詞		女性名詞			
-e	⇨	そのまま	journaliste	⇨	journaliste ジャーナリスト
-en	⇨	-enne	italien chirurgien	⇨	italienne イタリア人 chirurgienne 外科医
-eur	⇨	-euse	chanteur voleur	⇨	chanteuse 歌手 voleuse 盗人
-teur	⇨	-trice	acteur directeur	⇨	actrice 俳優 directrice 社長，部長
-er	⇨	-ère	pâtissier	⇨	pâtissière パティシエ(ール)

＊国籍を名詞として用いる場合，大文字で表記します。原則として，冠詞を伴います。

●そのほかの複数形の作り方●

単数形の語尾が **s** や **x** の場合は，何もつけません。

un bus ⇨ des bus バス

un choix ⇨ des choix 選択

語尾が **au, eu** の場合は **x** をつけ，**al** の場合は **aux** に変化させます。

un bateau ⇨ des bateaux 船
un jeu ⇨ des jeux 遊び
un cheval ⇨ des chevaux 馬

名詞と名詞の前につけることば

Exercices

1 (　　　　) にあてはまる名詞を書きましょう。

① **Léo est artiste. Léna aussi, elle est (　　　　).**
レオは芸術家です。レナも芸術家です。

② **Manu est étudiant. Mina aussi, elle est (　　　　).**
マニュは学生です。ミナも学生です。

③ **Julia est pâtissière. Jim aussi, il est (　　　　).**
ジュリアは菓子職人です。ジムも菓子職人です。

④ **Alice est actrice. Alain aussi, il est (　　　　).**
アリスは俳優です。アランも俳優です。

⑤ **Il est lycéen. Elle aussi, elle est (　　　　).**
彼は高校生で，彼女も高校生です。

2 (　　　　) に複数形を書きましょう。

① **J'ai un livre, et toi, tu as deux (　　　　).**
私は 1 冊の本を持っていて，君は 2 冊の本を持っています。

② **Léo a un cheval, et Léa a trois (　　　　).**
レオは馬を 1 頭飼っていて，レアは馬を 3 頭飼っています。

③ **Ici, il y a un bus. Là-bas, il y a quatre (　　　　).**
バスが1台ここにあります。あそこにはバスが4台あります。

④ **J'achète un gâteau. Ma mère achète cinq (　　　　).**
私はケーキを 1 つ買います。母はケーキを 5 つ買います。

⑤ **Kim est chanteuse. Lucy et Lin aussi, elles sont (　　　　).**
キムは歌手です。リュシーとリンも歌手です。

3 文を聞いて，話題になっている人が男性か女性かを聞き取り，表のあてはまるところに ✔ をしましょう。

	男性	女性
①		
②		
③		
④		
⑤		

《答え》【1】① artiste　② étudiante　③ pâtissier　④ acteur　⑤ lycéenne

＊「(人) は○○ (国籍・職業・宗教など) です」というとき，○○は冠詞を伴いません。

【2】① livres　② chevaux　③ bus　④ gâteaux　⑤ chanteuses

【3】

	男性	女性
①	✔	
②		✔
③	✔	
④		✔
⑤	✔	

① Il est directeur.㊚　彼は社長（または部長，監督など）です。
② Elle est actrice.㊛　彼女は女優です。
③ C'est un Italien.㊚　彼はイタリア人です。
④ Voici une Japonaise.㊛　こちらは日本人です。
⑤ Vous êtes cuisinier.㊚　あなたは料理人です。

03

2 不定冠詞と定冠詞の使い分け

Voici une maison.
こちらに1軒の家があります。

C'est la maison de Victor Hugo.
ヴィクトル・ユゴーの家です。

不定冠詞＋ 不特定の数えられる名詞・初めて登場する名詞,

定冠詞＋ 特定の名詞, 既に話題に登場した名詞 

名詞には原則として**冠詞**をつけます。フランス語の冠詞には3種類(**定冠詞**・**不定冠詞**・**部分冠詞**)あります。この章では，そのうちの不定冠詞と定冠詞について復習します。

008

	男性名詞	女性名詞	複数形（男女同形）
不定冠詞	un café	une maison	des cafés des maisons
定冠詞	le café l'arbre 木	la maison l'église 教会	les cafés, les arbres, les maisons, les églises

定冠詞の **le**, **la** は，母音や無音の **h** の前で **l'** に変化します。

l'arc de Triomphe 凱旋門

Qu'est-ce que c'est ?（これは何ですか）には，一般的に**不定冠詞**を使って答えます。

Qu'est-ce que c'est ? これは何ですか。
— **C'est un café.** これは1杯のコーヒーです。
— **C'est une maison.** これは1軒の家です。
— **Ce sont des arbres.** 何本かの木です。

人については，**Qui est-ce ?**（こちらはどなたですか）といいます。答え方は前述と一緒です。

Qui est-ce ?
— **C'est** un **étudiant.**
— **C'est** une **étudiante.**
— **Ce sont** des **étudiants.**

名詞が特定化されると（所有者が示されるなど），**定冠詞**が用いられます。

C'est le **café de Mina.** これはミナのコーヒーです。
Ce sont les **étudiants du centre linguistique.**
こちらは言語センターの学生たちです。

プザンソン（Besançon）にあるヴィクトル・ユゴーの家（la maison de Victor Hugo）。

Qu'est-ce que c'est ?
これは何？

C'est une maison. C'est la maison de Victor Hugo.
家だよ。ヴィクトル・ユゴーの家だよ。

Victor Hugo ? Qui est-ce ?
ヴィクトル・ユゴー？ それは誰？

C'est un écrivain.
小説家だよ。

ヴィクトル・ユゴーの作品のタイトル。

▶1日目 名詞と名詞の前につけることば

Exercices

1 (　　) に入る語を不定冠詞 **un**, **une**, **des** から選んで書きましょう。

① **Voici (㊛　　　) table et (㊛　　　) chaises.**
こちらは1台のテーブルと何脚かの椅子です。

② **Voici (㊛　　　) fourchette et (㊚　　　) couteau.**
こちらは1本のフォークと1本のナイフです。

③ **Voici (㊚　　　) verres et (㊛　　　) bouteille de vin.**
こちらはグラスと1本のワインです。

④ **Voici (㊛　　　) cuillère et (㊛　　　) assiette.**
こちらは1本のスプーンと1枚の皿です。

⑤ **Et voici (㊚　　　) plats.**
そして，こちらは何品かの料理です。

2 (　　) に入る語を，定冠詞 **le**, **la**, **les**,（母音か無音の **h** の前なら）**l'** から選んで書きましょう。

① **Voici (㊚　　　) sac de mon professeur.**
こちらは私の先生のバッグです。

② **C'est (㊚　　　) jean de Noé.**
これはノエのジーンズです。

③ **Ce sont (㊛　　　) chaussures de Léna.**
これはレナの靴です。

④ **Voilà (㊚　　　) zoo d'Ueno.**
あれは上野動物園です。

⑤ **Vous avez (㊛　　　) feuille de grammaire ?**
文法のプリントはありますか。

3 (　　) に **Qu'est-ce que c'est ?** か **Qui est-ce ?** のいずれかを書きましょう。

① **(　　　　　　　) — C'est une peinture.**
これは1枚の絵画です。

② **(　　　　　　　) — Ce sont des étudiants.**
こちらは学生たちです。

③ **(　　　　　　　) — C'est une actrice japonaise.**
こちらは日本人女優です。

④ **(　　　　　　　) — C'est un restaurant coréen.**
これは韓国料理店です。

⑤ **(　　　　　　　) — Ce sont des châteaux.**
これらはお城です。

外国語の中のフランス語

モード，カフェ・オ・レ，レストラン，マロン，アンニュイ … 私たちの身の回りには，フランス語由来の言葉が数多くあります。フランス語に由来する単語は，日本語以外にもさまざまな国の言葉に溶けこんでいます。たとえば英語には，数え上げたらきりがないほどのフランス語由来の単語があります。**inform (informer)**，**demand (demander)**，**beef (bœuf)**，**carot (carotte)** などです（かつてフランス語はイギリス貴族の話す言葉でしたので，フランス語由来の単語は今でも少しかしこまった場面で使われます）。フランスの旧植民地ベトナムでは，**cà phê (café)**，**ga (gare)**，**kêm (crème)**，**ôp la ((œuf) au plat)**，**bia (bière)**，**cà vạt (cravate)** など，当時フランスからもたらされたものは，今でもそのままベトナム語として使われています。色々な言語に潜む，フランス語由来の言葉を探してみましょう。

フランス植民地時代にもたらされたバゲット・サンド，バイン・ミー（**bánh mì**）。

《答え》【1】① une, des　② une, un　③ des, une　④ une, une　⑤ des

【2】① le　② le　③ les　④ le　⑤ la

【3】① Qu'est-ce que c'est ?
② Qui est-ce ?
③ Qui est-ce ?
④ Qu'est-ce que c'est ?
⑤ Qu'est-ce que c'est ?

04

3 部分冠詞と定冠詞の使い分け

Thomas aime le poisson. Il mange du poisson.
トマは魚が好きです。彼は魚を食べます。

Lisa aime la viande. Elle mange de la viande.
リザは肉が好きです。彼女は肉を食べます。

部分冠詞（du, de la, de l'）は不特定の数えられない名詞や概念を表す名詞につき，

定冠詞は特定の名詞のほか総称を表す名詞（～というもの）・唯一物にもつく

この章では，すでに見た定冠詞と，3つ目の冠詞，部分冠詞の違いを復習します。

	男性名詞 単数／複数	女性名詞 単数／複数	（複数形）
部分冠詞	du poisson de l'alcool	de la viande de l'eau	（des épinards） ＊限られた単語のみ
定冠詞	le poisson l'alcool	la viande l'eau	les épinards

Je mange de la soupe et je bois du café.
私はスープを食べ，コーヒーを飲みます。 不特定名詞

J'aime la soupe, et j'adore le café.
私はスープが好きで，コーヒーが大好きです。 総称

＊好みを表す動詞 aimer, adorer, détester, préférer の後ろは定冠詞

L'amour, c'est de la patience.
愛とは忍耐です。 ＊ l'amour ⇨ 総称, de la patience ⇨ 概念

Le soleil se lève à l'est.
太陽は東から昇ります。 唯一物

部分冠詞は，母音や無音の **h** で始まる名詞の前で，男·女性名詞ともに **de l'** となります。

Je bois de l'alcool㊚ et de l'eau.㊛
私はアルコールと水を飲みます。

不特定の名詞には，不定冠詞・部分冠詞以外に，**単位や数量表現**がつくこともあります。

50 centilitres de lait 牛乳 500 ミリリットル
une bouteille de vin ワイン 1 瓶
beaucoup de sel > **un peu de sel** > **peu de sel**
たくさんの塩　少しの塩　ほとんどない塩

一歩先へ

動物について好きか嫌いかをいいたいとき，動物を単数形で示すと，「食用として（好き・嫌い）」の意味になります。かわいがる対象として好き・嫌いをいうときは，複数形を用います。

J'aime le lapin. Je mange du lapin. 単数
私は兎肉が好きです。私は兎肉を食べます。
J'aime les lapins. J'ai des lapins. 複数
私は兎が好きです。私は兎を飼っています。

▶1日目 名詞と名詞の前につけることば

Exercices

1 (　　) に入る語を部分冠詞 **du**, **de la**, (母音か無音の **h** の前なら)**de l'** から選んで書きましょう。

① **Voici (㊚　　) ketchup.** こちらはケチャップです。

② **Voici (㊛　　) mayonnaise.** こちらはマヨネーズです。

③ **Voici (㊚　　) vin.** こちらはワインです。

④ **Voici (㊛　　) sauce de soja.** こちらは醤油です。

⑤ **Et voici (㊛　　) eau.** そして，こちらは水です。

2 (　　) に入る語を **du**, **de la**, **de l'**, **des** から選んで書きましょう。

① **Pour faire un smoothie à la banane, il faut (㊛　　) bananes, (㊚　　) lait et (㊛　　) glace à la vanille.**
バナナスムージーを作るには，バナナ，牛乳，バニラアイスが必要です。

② **Pour faire un sandwich aux tomates, il faut (㊚　　) pain, (㊛　　) tomates, (㊛　　) salade, (㊛　　) huile d'olive, (㊚　　) sel et (㊚　　) poivre.**
トマトサンドを作るには，パン，トマト，サラダ菜，オリーブオイル，塩，胡椒が必要です。

③ **Pour faire une mousse au chocolat, il faut (㊚　　) chocolat, (㊚　　) blancs d'œufs et (㊛　　) crème fraîche.**
チョコレートムースを作るには，チョコレート，卵白，生クリームが必要です。

④ **Pour faire des madeleines, il faut (㊚　　) œufs, (㊛　　) farine, (㊚　　) beurre et (㊚　　) sucre.**
マドレーヌを作るには，卵，小麦粉，バター，砂糖が必要です。

⑤ **Pour bien manger, il faut avoir (㊚　　) appétit.**
よく食べるには，食欲があることが必要です。

3 (　　) に入る語を **du**, **de la**, **de l'**, **des** または **le**, **la**, **l'**, **les** から選んで書きましょう。

① **J'aime (㊚　　) croissants, et je mange (　　) croissants tous les jours.**
私はクロワッサンが好きで，クロワッサンを毎日食べています。

② **Le matin, je prends (㊚　　) œufs. (　　) œufs sont bons pour la santé.**
朝，私は卵を食べます。卵は健康にいいです。

③ **Le soir, je prends (㊛　　) viande et (㊛　　) soupe de ma mère.**
夜，私は肉と母のスープを食べます。

④ **Vous avez gagné ! Vous avez (㊛　　) chance !**
勝ったんですね！　あなたはラッキーです！

⑤ **Mina n'aime pas (㊚　　) lait. Elle préfère (㊛　　) eau.**
ミナは牛乳が好きではありません。水の方が好きです。

1回目	2回目	3回目	達成率
年　月　日	年　月　日	年　月　日	6 %

Le week-end, j'achète du lait, de la viande, du poisson, des légumes et du riz.
週末私は牛乳，肉，魚，野菜，そしてお米を買います。

マルシェでのチーズ・乳製品店（fromagerie / laiterie）。

2 litres de lait, s'il vous plaît.
牛乳を２ℓください。

パン屋さんの袋。
「ごめんなさい，この中の絶品ヴィエノワズリーにはすでに持ち主がいます」

《答え》【1】①du　②de la　③du　④de la　⑤de l'

【2】①des, du, de la　②du, des, de la, de l', du, du　③du, des, de la
④des, de la, du, du　⑤de l'

【3】①les, des　②des, Les　③de la, la　④de la　⑤le, l'

05

1 冠詞のまとめ

Voici un café. C'est le café de Mina.
こちらは1杯のコーヒーです。ミナのコーヒーです。

Elle boit du café.
彼女はいくらかのコーヒーを飲みます。

不定冠詞＋不特定の数えられる名詞，部分冠詞＋ 不特定の数えられない名詞，

定冠詞＋特定の名詞（数えられる・数えられない）・総称・唯一物 

	【 特 徴 】		男性名詞 単数／複数	女性名詞 単数／複数	複数形
不定冠詞	不特定	数えられる	un café	une bière	des cafés des bières
部分冠詞	不特定	数えられない	du café	de la bière	—
定冠詞	特定	総称・唯一物	le café	la bière	les cafés les bières

部分冠詞の **du**，**de la** は，母音や無音の **h** の前で **de l'** に変化します。

（p.21 参照）

例 **De l'eau, s'il vous plaît.** お水をください。

冠詞を使いこなそう

3つの冠詞の性質を頭で理解していても，実際に使おうというときに悩んでしまうのが冠詞。そんなときは，動詞ごとに相性のよい冠詞を知っておくと便利です。たとえば，「ここに～があります」という意味の **il y a** の後ろには，（**la table de Léna** のように特定する場合を除き）初登場の名詞が続くのが普通なので，不定冠詞が使われるのが一般的です。また，**boire**（飲む）の後ろには原則として飲み物＝液体が続きますので，一般的に部分冠詞が使われます。

なお，原則として定冠詞がつく名詞は，**la Terre, le Soleil, la Lune, la télévision, la radio** といった唯一物を表す名詞です。テレビやラジオに定冠詞をつけるのは，機械ではなく周波（＝唯一物）を指しているからです。

名詞の前につけることば

06

Exercices

1 (　　) に入る語を，不定冠詞 **un**，**une**，**des** または定冠詞 **le**，**la**，**l'**，**les** から選んで書きましょう。

① **Vous voyez (男　　) musée là-bas ? C'est (　　) musée du Louvre.**
あそこの美術館が見えますか。ルーブル美術館です。

② **Je regarde (男　　) oiseaux. Ce sont (　　) oiseaux de mon père.**
私は鳥を見ています。私の父の鳥たちです。

③ **Tu connais (男　　) bon restaurant ?**
— Oui, il y a (　　) restaurant : « Chez tata ».
美味しいレストランを知ってる？
— うん，「シェ・タタ」というレストランがあるよ。

④ **Voici (女　　) chaise. C'est (　　) chaise de Mina.**
これは椅子です。これはミナの椅子です。

⑤ **On achète (女　　) fleurs ?**
— Non, on a déjà (　　) fleurs du jardin.
花を買いますか？
— いいえ，庭の花があります。

2 (　　) に入る冠詞を入れましょう。

Voici (　　) ville女 de Colmar. Au centre-ville, il y a (　　) place女. Sur (　　) place, il y a beaucoup de restaurants. Je mange dans (　　) restaurant男 à côté de (　　) poste女. (　　) employés parlent français et aussi allemand. À midi, je mange (　　) quiche女. C'est (　　) spécialité女 loraine. J'aime (　　) quiche女, c'est délicieux !

こちらはコルマールの街です．中心には広場があります．広場にはたくさんのレストランがあります．私は郵便局の隣のレストランで食べます．従業員たちはフランス語とドイツ語も話します．昼に私はキッシュを食べます．それはロレーヌ地方の名物料理です．私はキッシュが好きです．美味しいですよ！

015 **3** 文を聞いて，冠詞を書き取りましょう。

① **Vous prenez (　　) dessert ? — Oui, (　　) crème brûlée, s'il vous plaît.**

② **Voici (　　) parc. C'est (　　) parc Monceau.**

③ **Il y a (　　) (　　) filles là-bas. Ce sont (　　) étudiantes de (　　) université de Tokyo.**

④ **Je vois (　　) montagne. C'est (　　) mont Fuji.**

⑤ **(　　) France est (　　) pays de (　　) mode.**

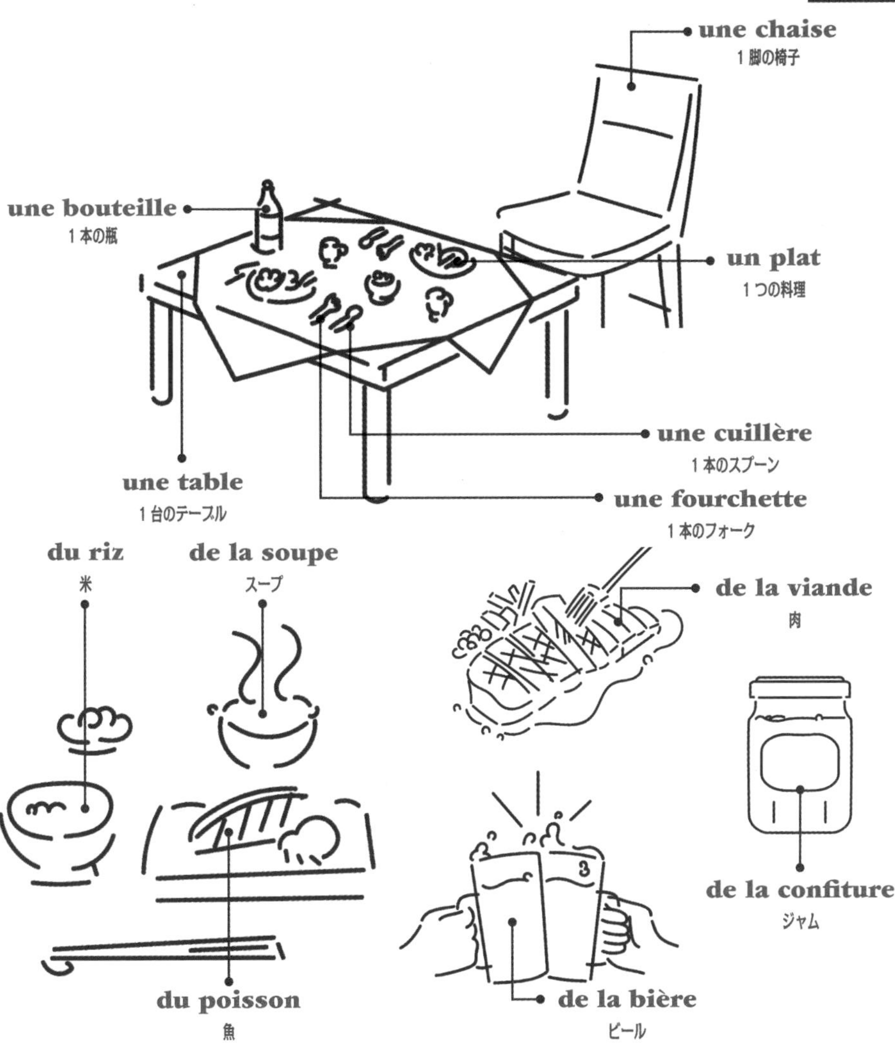

《答え》【1】①un（または le），le　②des，les　③un，le　④une，la　⑤des，les

【2】la // une // la // le // la // Les // une // une（または la）// la

【3】①un，une　②un，le　③beaucoup de，des，l'　④une，le　⑤La，le，la

① Vous prenez un dessert ? —Oui, une crème brûlée, s'il vous plaît.
デザートはいかがですか。—はい，クレーム・ブリュレをください。
② Voici un parc. C'est le parc Monceau.　こちらは公園です。モンソー公園です。
③ Il y a beaucoup de filles là-bas. Ce sont des étudiantes de l'université de Tokyo.
あそこにたくさんの女子たちがいます。東京大学の学生たちです。
④ Je vois une montagne. C'est le mont Fuji.　山が見えます。富士山です。
⑤ La France est le pays de la mode.　フランスは，ファッションの国です。

指示形容詞と所有形容詞

C'est ma famille sur cette photo.
この写真は，私の家族の写真です。

Cet homme, c'est mon père.
この男性は私の父です。

Cette femme, c'est ma mère.
この女性は私の母です。

Ce garçon, c'est mon petit frère.
この少年は私の弟です。

Et ces enfants, ce sont mes enfants.
そしてこれらの子どもたちは，私の子どもたちです。

指示形容詞（ce(cet)/cette/ces）は人・ものを指示するほか，現在や直近の時間を示す

cette **année** 今年　ce **mois-ci** 今月
cette **semaine** 今週　ces **jours-ci** 最近

母音や無音の **h** で始まる男性名詞の前では，発音の便宜上 **cet** を用います。

男性名詞	女性名詞	複数形
ce **garçon**	cette **fille**	ces **garçons**
cet **homme**		ces **hommes**
		ces **filles**

所有形容詞（mon，ma，mes，...）は所有を表す

後ろの名詞の性数に合わせて **mon**，**ma**，**mes** を使い分けます。英語の **his**，**her** のような「彼の・彼女の」の区別はありません。**son père** は「彼の父」または「彼女の父」の意味です。

018

所有者 ▼ ／ 所有する対象▶	男性名詞	女性名詞	複数形
私の	mon **père**	ma **mère**	mes **parents**
君の	ton **père**	ta **mère**	tes **parents**
彼の，彼女の	son **père**	sa **mère**	ses **parents**
私たちの	notre **père**	notre **mère**	nos **parents**
あなた／君(たち)の	votre **père**	votre **mère**	vos **parents**
彼らの，彼女たちの	leur **père**	leur **mère**	leurs **parents**

一歩先へ

女性名詞で母音や無音の **h** で始まる語の前では，**ma**，**ta**，**sa** の代わりに **mon**，**ton**，**son** を用います。

019

Voici mon ami anglais et mon amie japonaise. (× ~~ma~~ amie)
こちらは私のイギリス人の男友達と日本人の女友達です。

▶2日目 名詞の前につけることば

Exercises

1 (　　) に入る語を ce，cet，cette，ces から選んで書きましょう。

① (　　) année, mon fils entre à l'école.
今年，私の息子は学校へ入学します。

② Je prends (　　) jupe. Elle est jolie.
私はこのスカートにします。綺麗ですから。

③ Regarde (　　) fleurs ! Elles sont belles !
これらの花を見て！　美しいですよ！

④ Tu connais (　　) homme ? Il est insupportable.
この男性，知っている？　彼には耐えられません。

⑤ Je suis occupé (　　) mois-ci.
私は今月は忙しいです。

2 (　　) に入る語を mon，ma，mes から選んで書きましょう。

① (　　) père est employé, et (　　) mère est femme au foyer.
私の父は会社員で，私の母は専業主婦です。

② (　　) frère est étudiant et (　　) sœur est écolière.
私の兄（弟）は学生で，私の姉（妹）は小学生です。

③ (　　) ami est bavard.
私の男友達はおしゃべりです。

④ (　　) amie est bavarde.
私の女友達はおしゃべりです。

⑤ (　　) enfants vont à la crèche.
私の子どもたちは保育園へ行きます。

3 (　　) に入る語を，son，sa，ses から選んで書きましょう。

① Mina regarde (　　) livre.
ミナは，自分の本を見ています。

② Léo écoute (　　) mère.
レオは，自分の母親のいうことを聞きます。

③ Noé fait (　　) devoirs.
ノエは，自分の宿題をしています。

④ Ma fiancée boit (　　) café.
私の婚約者は，自分のコーヒーを飲んでいます。

⑤ Mon fiancé mange (　　) madeleines.
私の婚約者は，自分のマドレーヌを食べています。

達成率
10 %

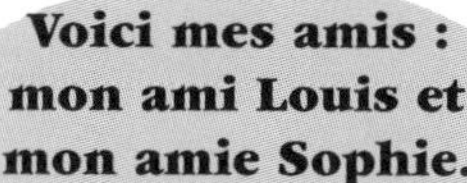

こちらはぼくの友達です：
男友達のルイと女友達のソフィーです。

Voici la famille de Louis.
Sa mère, son père et sa petite sœur.

こちらはルイの家族です。
彼のお母さん，お父さん，そして妹です。

Voici la famille de Sophie.
Sa mère, son père et sa petite sœur.

こちらはソフィーの家族です。
彼女のお母さん，お父さん，そして妹です。

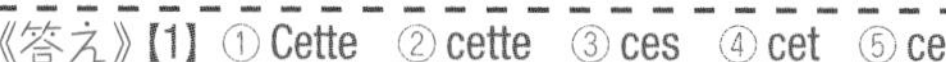

《答え》【1】 ① Cette ② cette ③ ces ④ cet ⑤ ce
【2】 ① Mon, ma ② Mon, ma ③ Mon ④ Mon ⑤ Mes
【3】 ① son ② sa ③ ses ④ son ⑤ ses

数詞

Vous avez combien d'enfants ?

あなたはお子さんが何人いますか。

—J'ai cinq enfants : trois filles et deux fils.

Mes deux fils sont jumeaux.

—私は 5 人の子どもがいます。娘が 3 人と息子が 2 人です。

私の 2 人の息子たちは双子です。

数詞は，定冠詞・指示形容詞・所有形容詞と一緒に用いることもできる

021

1	un	19	dix-neuf	51	cinquante **et un**	83	quatre-vingt-trois
2	deux	20	vingt	52	cinquante-deux	84	quatre-vingt-quatre
3	trois	21	vingt **et un**	60	soixante	85	quatre-vingt-cinq
4	quatre	22	vingt-deux	61	soixante **et un**	86	quatre-vingt-six
5	cinq	23	vingt-trois	62	soixante-deux	87	quatre-vingt-sept
6	six	24	vingt-quatre	70	soixante-dix	88	quatre-vingt-huit
7	sept	25	vingt-cinq	71	soixante **et onze**	89	quatre-vingt-neuf
8	huit	26	vingt-six	72	soixante-douze	90	quatre-vingt-dix
9	neuf	27	vingt-sept	73	soixante-treize	91	quatre-vingt-**onze**
10	dix	28	vingt-huit	74	soixante-quatorze	92	quatre-vingt-douze
11	onze	29	vingt-neuf	75	soixante-quinze	93	quatre-vingt-treize
12	douze	30	trente	76	soixante-seize	94	quatre-vingt-quatorze
13	treize	31	trente **et un**	77	soixante-dix-sept	95	quatre-vingt-quinze
14	quatorze	32	trente-deux	78	soixante-dix-huit	96	quatre-vingt-seize
15	quinze	40	quarante	79	soixante-dix-neuf	97	quatre-vingt-dix-sept
16	seize	41	quarante **et un**	80	quatre-vingt**s**	98	quatre-vingt-dix-huit
17	dix-sept	42	quarante-deux	81	quatre-vingt-**un**	99	quatre-vingt-dix-neuf
18	dix-huit	50	cinquante	82	quatre-vingt-deux	100	cent

cent は複数形に **s** をつけます。ただし，その後に数字が続く場合は **s** をつけません。

022

200 **deux cents**　201 **deux cent un**（**cent** の **s** が落ちる）

mille には複数形がありません。

2 000 **deux mille**　10 000 **dix mille**
100 000 **cent mille**（10 万）

1 000 000，**1 000 000 000** には **un** をつけます。

1 000 000 **un million**（100 万）
10 000 000 **dix millions**（1000 万）
100 000 000 **cent millions**（1 億）
1 000 000 000 **un milliard**（100 億）

数字の後ろに続く単位が，**母音**や**無音の** **h** から始まると，数字の語末の綴り字とつなげて発音します（リエゾン，アンシェヌマン）。

deux ans [z] ／ **trois heures** [z]

• **un euro** [n]	• **deux euros** [z]	• **trois euros** [z]
• **quatre euros** [r]	• **cinq euros** [k]	• **six euros** [z]
• **sept euros** [t]	• **huit euros** [t]	• **neuf euros** [f]
• **dix euros** [z]	• **vingt euros** [t]	• **quatre-vingts euros** [z]

「～番目」の意味の**序列**を表したいときは，原則として，数字に **-ième** をつけます（語末が **e** で終わる数字は，**e** をとります）.「1 番目」だけ男性形と女性形があります。

1 番目 **premier**(男) / **première**(女)　2 番目 **deuxième**
3 番目 **troisième**　4 番目 **quatrième**　5 番目 **cinquième**
6 番目 **sixième**　7 番目 **septième**　8 番目 **huitième**
9 番目 **neuvième**　10 番目 **dixième**

09

Exercices

1 数字をアルファベットで書きましょう。

① Je voudrais 500 grammes de tomates. トマトを500グラムください。
(　　　　　　　　　　)

② Je mesure 1 mètre 63. 私は身長が1メートル63あります。
(　　　　　) mètre (　　　　　)

③ Je pèse 51 kilos. 私は体重が51キロあります。
(　　　　　　　　　　)

④ Le mont Blanc fait environ 4810 mètres de haut.
(　　　　　　　　　　) モンブランは高さ約4810メートルです。

⑤ J'ai maths à 9 heures et demie. 私は9時半に数学があります。
(　　　　　　　　　　)

2 序列数詞をアルファベットで書きましょう。

① Vous tournez à la (　　　　　　) rue à gauche.
3番目の通りを左折してください。

② Aujourd'hui, c'est notre (　　　　　　) anniversaire de mariage.
今日は私たちの結婚30周年記念です。

③ Je suis en (　　　　　　) année de lettres.
私は文学部の4年生です。

④ C'est la (　　　　　　) fois que tu viens au Japon ?
日本に来るのは初めてなの？

⑤ Votre place est au (　　　　　　) rang, monsieur.
お客様のお座席は1列目です。

023 **3** 文を聞いて，数字を書き取りましょう。

① Je suis né en (　　　　).

② Ça fait (　　　　) euros.

③ Le train part de Bordeaux à (　　　　) heures (　　　　).

④ Le numéro de téléphone de Mina, c'est le (　　). (　　). (　　). (　　). (　　).

⑤ Elle habite au (　　　　), rue Mirabeau.

1回目	2回目	3回目	達成率
年　月　日	年　月　日	年　月　日	12 %

フランスの地方別アクセント

日本語の東北弁や関西弁のように，フランス語にも地方ごとのアクセントがあります。中でも人気があるのは，南仏（特にトゥールーズ）のアクセント。鼻母音の n を強めに発音するといった特徴があります。そのほか，r を強めに発音するアルザス地方のアクセント，人気映画『シュティの地へようこそ（原題：Bienvenue chez les Ch'tis)』（2008 年公開）のテーマにもなっているフランス北部のアクセントなどがあります。パリで話されているフランス語が標準なのかというと，実はそうではないようです。標準フランス語は，ロワール地方（特にトゥール）で話されるフランス語だといわれます。パリのフランス語は早口で，尖っているように聞こえるようです（a を [ɑ] ではなく [a] と発音するなど）。アクセントとは別に，ブルターニュ語やバスク語のように，伝統的な独自の言語を保存している地方もあります。

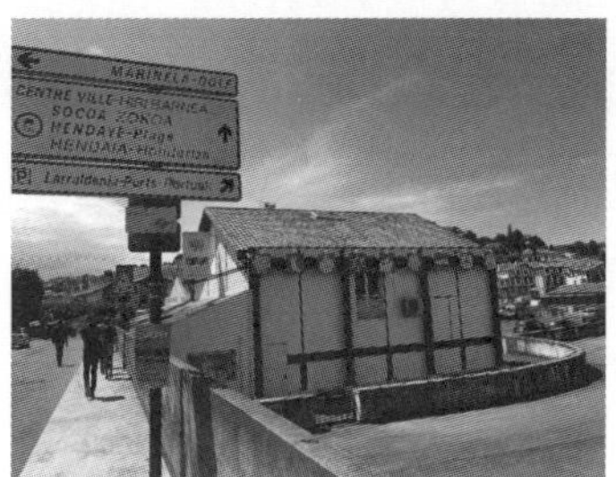

バスク地方では，バスク語とフランス語が併記されています。

《答え》【1】① cinq cents　② un mètre soixante-trois　③ cinquante et un
④ quatre mille huit cent dix　⑤ neuf

【2】① troisième　② trentième　③ quatrième　④ première　⑤ premier

【3】① 1999　② 238　③ 21，1　④ 06，80，51，65，94　⑤ 72

＊③ heure㊛，minute㊛（分）の性に合わせて，それぞれ女性形の une を用います。

① Je suis né en 1999.　私は 1999 年生まれです。
② Ça fait 238 euros.　238 ユーロになります。
③ Le train part de Bordeaux à 21 heures 01.　電車は 21 時 1 分にボルドーを出発します。
④ Le numéro de téléphone de Mina, c'est le 06. 80. 51. 65. 94.
　ミナの電話番号は 06. 80. 51. 65. 94 番です。
⑤ Elle habite au 72, rue Mirabeau.　彼女はミラボー通り 72 番地に住んでいます。

▶3日目 êtreを使った文

1 主語と動詞，動詞 être

Vous êtes étudiant ?
あなたは学生ですか。

—Oui, je suis étudiant.
—はい，私は学生です。

主語人称代名詞と不定代名詞

《主語人称代名詞》

単数形		複数形	
je	私は	nous	私たちは
tu	君は	vous	君たちは，あなたは，あなたたちは
il	彼は	ils	彼らは（男性のみまたは男女混合）
elle	彼女は	elles	彼女たちは（女性のみ）

il(s) ／ **elle(s)** は物を受けることもできます。

Il est bon, ce plat. この料理は美味しいです。
Elles sont belles, ces fleurs. この花々は美しいです。

《不定代名詞》

on　　私たちは（話し言葉），人々は

on は，**il** ／ **elle** と同じ動詞の活用をします。「私たちは」の意味で用いるとき，**être** の後ろの属詞や形容詞を複数形にします。

Vous êtes japonaises ? 君たちは日本人（女性）ですか。
—Oui, on est japonaises. —はい，私たちは日本人（女性）です。

活用＝動詞は主語によって形を変える

《**être**（～は…だ）の活用》

026

je	suis	**nous**	sommes
tu	es	**vous**	êtes
il	est	**ils**	sont
elle	est	**elles**	sont
on	est		

il ／ **elle** ／ **on** と，**ils** ／ **elles** は，それぞれ同じ活用をします。

Vous êtes journaliste ?
あなたはジャーナリストですか。

Oui, je suis journaliste.
はい，私はジャーナリストです。

Nous sommes journalistes.
私たちはジャーナリストです。

Elle est journaliste.
彼女はジャーナリストです。

Ils sont journalistes.
彼らはジャーナリストです。

Il est journaliste.
彼はジャーナリストです。

▶ 3日目 être を使った文

Exercices

1 主語を代名詞に書き換えましょう。

① **Noé est français. (　　　) est français.** 　ノエはフランス人です。彼はフランス人です。

② **Ma mère est française.**
(　　　) est française. 　私の母はフランス人です。
彼女はフランス人です。

③ **Toi et moi, (　　　) sommes japonais.** 　君と私は，日本人です。

④ **Léon et Léna, (　　　) sont intelligents.** 　レオンとレナは賢いです。

⑤ **Léna et toi, (　　　) êtes amusants !** 　君とレナは，面白いです！

2 (　　　) に主語人称代名詞を入れましょう。

① **(　　　) est occupée aujourd'hui.** 　(　　　) は今日，忙しいです。

② **(　　　) suis marié.** 　(　　　) は結婚しています。

③ **(　　　) sommes employés.** 　(　　　) は会社員です。

④ **(　　　) es étudiant ?** 　(　　　) は学生ですか。

⑤ **(　　　) êtes quatre ?** 　(　　　) は４名様ですか。

3 (　　　) に **être** の活用形を書きましょう。

① **Vous (　　　) intelligents !** 　あなたたちは賢いですね！

② **On (　　　) fatigués.** 　私たちは疲れています。

③ **Je (　　　) belge.** 　私はベルギー人です。

④ **Elle (　　　) professeur.** 　彼女は教員です。

⑤ **Tu (　　　) lycéen ?** 　君は高校生ですか。

occupé も occupée も発音は同じなので，Je suis occupé(e). と聞いただけでは性別の違いはわかりません。
主語が三人称の場合は，主語の違いから性別を聞き分けることができます。

《答え》【1】① Il　② Elle　③ nous　④ ils　⑤ vous
【2】① Elle（彼女）　② Je（私）　③ Nous（私たち）　④ Tu（君）
⑤ Vous（あななたち ＊ここでは「お客様」）
＊ ① 形容詞 occupée が女性形なので，主語は女性であることがわかります。
【3】① êtes　② est　③ suis　④ est　⑤ es

2 代名詞の強勢形

Je suis libre demain. Et toi ?
私は明日暇です。君は？

――Moi aussi.
――私もです。

強勢形＝主語や目的語を強調したいとき，前置詞の後ろなどで用いる

主語	強勢形
je	moi
tu	toi
il	lui
elle	elle
nous	nous
vous	vous
ils	eux
elles	elles

強勢形は，次のような場合に用います。

1 単独で

Qui aime le chocolat ?
— Moi !
チョコレートが好きなのは誰ですか。
――私！

2 c'est, ce sont の後ろで

C'est qui ?
— C'est moi. / Ce sont eux.
誰ですか。
——私です。／彼らです。

3 aussi, non plus の前で

J'aime le chocolat.
— Moi aussi !
私はチョコレートが好きです。
——私もです！

Je n'aime pas la boxe.
— Moi non plus.
私はボクシングが好きではありません。
——私もです。

4 前置詞の後ろで

Tu viens avec moi ?
— Oui, je viens avec toi !
私と一緒に来る？
——うん，君と一緒に行くよ！

C'est à qui ?
— C'est à moi.
これは誰のですか。
——私のです。

12

Exercices

1 (　　) に強勢形を入れましょう。

① (　　　), tu vas au marché. 　君は市場へ行きます。

② (　　　), elle achète des œufs. 　彼女は卵を買います。

③ (　　　), vous cherchez le cadeau. 　あなた（たち）はプレゼントを探します。

④ (　　　), il prépare le dessert. 　彼はデザートを用意します。

⑤ (　　　), j'attends le professeur. 　私は先生を待ちます。

2 答えを完成させましょう。

① Je prends un café. Et vous ?
— (　　　), je prends un Perrier.
私はコーヒーにします。あなたは？
── 私はペリエにします。

② Je travaille à Paris. Et ta sœur ?
— (　　　), elle travaille à Tokyo.
私はパリで働いています。君の姉(妹)は？
── 彼女は東京で働いています。

③ Nous sommes étudiants. Et vous ?
— (　　　), nous sommes lycéens.
私たちは学生です。あなたたちは？
── 私たちは高校生です。

④ Tu habites à Hawaï ! Et tes parents ?
— (　　　), ils habitent à New York.
君はハワイに住んでいるのか！ 君の両親は？
── 彼らはニューヨークに住んでいます。

⑤ Lisa est bavarde. Et son frère ?
— (　　　), il est timide.
リザはおしゃべりです。彼女の兄(弟)は？
── 彼は内気です。

030 **3** 質問を聞いて，答えを完成させましょう。

① (　　　　　) aussi.

② (　　　　　) aussi.

③ (　　　　　) aussi.

④ (　　　　　) non plus.

⑤ (　　　　　) non plus.

Je prends un dessert.
Et toi ?
私はデザートを食べるよ。君は？

Moi aussi, je prends un dessert.
私もデザートを食べるわ。

Je prends un dessert.
Et toi ?
私はデザートを食べるよ。君は？

Moi, je prends seulement un café.
私はコーヒーだけにしておくわ。

> 相手と答えが同じであることを強調したいときには Moi aussi，異なることを強調したいときには Moi と言ってから答えます。

《答え》【1】① Toi　② Elle　③ Vous　④ Lui　⑤ Moi
【2】① Moi　② Elle　③ Nous　④ Eux　⑤ Lui
【3】① Moi　② Lui　③ Elle　④ Eux（または Elles）　⑤ Elles

① Je suis fatigué. Et toi ?　私は疲れています。君は？
② Tu es employé. Et ton frère ?　君は会社員です。君の兄（弟）は？
③ Ma mère est occupée. Et votre mère ? 私の母は忙しいです。あなたのお母さんは？
④ Tu n'es pas malade. Et tes ami(e)s ?　君は病気ではありません。君の友人たちは？
⑤ Elle n'est pas grande. Et ses sœurs ?　彼女は大きくありません。彼女の姉妹たちは？

3 前置詞 à と de

Je suis à Tokyo. Je suis de Tokyo.
私は東京にいます。私は東京出身です。

前置詞 à が表すもの

1 場所・目的地・時間

032 **J'ai un rendez-vous à l'aéroport à sept heures.**
私は7時に空港で人と会う約束があります。

2 動作の対象

Je téléphone à mes parents. 両親に電話をします。

3 用途

à emporter 持ち帰り用
prêt-à-porter プレタポルテ（既製服）

4 含んでいるもの，風味づけされているもの

une glace à la vanille バニラ風味アイスクリーム
un sorbet à l'orange オレンジシャーベット

前置詞 de（母音や無音の h の前では d'）が表すもの

1 起点

Je viens de Tokyo. 私は東京から来ました。

2 所属・所有

le portable de Jean ジャンの携帯
les parents d'Amélie アメリの両親

3 種類・もととなる素材

la gare de Tokyo 東京駅
le livre de français フランス語の本
un pain de campagne 田舎風パン
un confit de canard 鴨肉のコンフィ

●前置詞と冠詞の縮約●

à + le → **au**　à + les → **aux**

Je vais au restaurant et je prends une soupe aux légumes.
私はレストランへ行き，野菜スープを頼みます。

de + le → **du**　de + les → **des**

Je regarde un oiseau du balcon, et je profite des vacances.
私はバルコニーから鳥を見て，休暇を楽しみます。

一歩先へ

動詞には，**à** や **de** を伴う目的語（間接目的語）をとるものがあります。

▶動詞＋ à：

téléphoner à ～に電話をする／ **dire à** ～にいう／
penser à ～について考える／ **s'intéresser à** ～に興味を持つ

▶動詞＋ de：

parler de ～について話す／ **avoir besoin de** ～を必要とする／
profiter de ～を利用する／ **s'occuper de** ～の面倒を見る／
s'inquiéter de ～の心配をする

次の動詞は，直接目的語（前置詞を伴わない）をとりますが，動詞の原形を続ける場合には，前置詞を伴います。

commencer à ～し始める／ **finir de** ～し終える／
continuer à/de ～し続ける／ **essayer de** ～するのを試みる

▶3日目 êtreを使った文

Exercices

1 (　　　)に **à**, **de**, **d'** のいずれかを入れましょう。

① **J'habite (　　　) Londres.** 私はロンドンに住んでいます。

② **Je viens (　　　) Hokkaido.** 私は北海道から来ました。

③ **C'est le livre (　　　) Emma.** これはエマの本です。

④ **Je suis (　　　) Paris pendant les vacances.** 私は休暇の間，パリにいます。

⑤ **Je téléphone (　　　) Mila ce soir.** 私は今夜ミラに電話をかけます。

2 (　　　)に **au**, **à la**, **aux**, **du**, **de la**, **de l'**, **des** のいずれかを入れましょう。

① **Je vais (　　　) cinéma**㊚ **demain.** 私は明日映画館に行きます。

② **Léo travaille (　　　) poste**㊛**.** レオは郵便局で働いています。

③ **Lisa profite (　　　) week-end**㊚**.** リザは週末を利用します。

④ **Mina fait une tarte (　　　) fraises**㊛**.** ミナは苺のタルトを作ります。

⑤ **Mes enfants rentrent (　　　) école**㊛**.** 私の子どもたちは学校から戻ります。

3 国名には男性形・女性形・複数形の区別があり，**le Japon**, **la France**, **les États-Unis** のように，定冠詞がつきます。さらに，国名に場所を表す前置詞をつけると，男性形は **au Japon**，女性形（語末は **e**）と母音や無音の **h** で始まる国名は，**en France**, **en Iran**，複数形は **aux États-Unis** のようになります。**(　　　)** に **à**, **au**, **aux**, **en** のいずれかを入れましょう。（**p.87** 参照）

① **J'habite (　　　) Japon, (　　　) Chiba.**

② **Il habite (　　　) France, (　　　) Marseille.**

③ **Elle travaille (　　　) États-Unis, (　　　) New York.**

④ **Mes parents habitent (　　　) Italie, (　　　) Rome.**

⑤ **J'étudie (　　　) Portugal, (　　　) Lisbonne.**

1回目	2回目	3回目	達成率
年　月　日	年　月　日	年　月　日	18 %

一度 tu になったら，vous には戻れない？

vous を使う（vouvoyer）か tu を使う（tutoyer）かは，フランス人でも悩むことがあるようです。というのも，一度 tu の関係になったら，vous の関係には戻れないからです。tutoyer することのメリットは，相手との距離が親密になること。ただし，親密になりすぎて礼儀を欠いてしまう恐れもあります。一方，vouvoyer することのメリットは，敬意を保つことができることです。一度 tu を使い始めたら，vous の関係に戻れませんので，相手との関係性をよく吟味するようにしましょう。もし tutoyer したいけど相手はどう感じるだろうか，と気になったら，Ça vous dérange si on se tutoie ?（tu を使ったらご迷惑ですか？）と尋ねてみましょう。「いえ，今まで通り vous でいきましょうよ」という冷静な答えが返ってきても大丈夫。vous のメリットを踏まえてのことでしょうから，前向きに捉えましょう。逆に，「Tu as raison（君のいうとおり），これからは tutoyer しよう！　んじゃ，サリュ！」と急に親しくされて，却って戸惑ってしまうかも！？　tutoyer と vouvoyer の狭間で思いを巡らすことは，相手との距離を見直す以上に，人間関係を築く上でのお互いの価値観に触れ合うきっかけとなることでしょう。

Tarte tatin タルト・タタンと Tarte aux fraises タルト・オ・フレーズ（苺のタルト）。

《答え》【1】①à　②de (d')　③d'　④à　⑤à
【2】①au　②à la　③du　④aux　⑤de l'
【3】①au, à　②en, à　③aux, à　④en, à　⑤au, à

基本表現とあいさつ・日付・機内で

〜役立つ文法 TOP3：人称代名詞・冠詞・前置詞〜

14

1 基本表現とあいさつ

Bonjour, monsieur.
《男性に》こんにちは。

Merci, au revoir et à bientôt.
ありがとう（ございます），さようなら，また今度。

おさえておきたい表現

034

□ はい。	Oui.
いいえ。	Non.
いえ。	Si. ＊ 否定疑問文に肯定形で答えるとき。
□ お願いします。（〜を）ください。	(…,) s'il vous plaît.
□（本当に）ありがとうございます。	Merci (beaucoup).
□ どういたしまして。	De rien. / Je t'en prie. / Je vous en prie.
□ 失礼ですが。	Pardon. / Excuse-moi. / Excusez-moi.
□ ごめんなさい。	Pardon. / Excuse-moi. / Excusez-moi. / (Je suis) Désolé(e).
□ 気にしないでください。	Pas de problème. / Ne t'inquiète pas. / Ne vous inquiétez pas.
□ 何ですか。	Pardon ? / Comment ?
□ もう１度お願いします。	Encore une fois, s'il vous plaît.

□ おはよう（ございます）。／ こんにちは。	**Bonjour (madame / mademoiselle / monsieur).** ＊初対面の人や店員さんなど，名前のわからない相手を呼ぶときに，**madame**（女性に），**mademoiselle**（20 代くらいまでの若い女性に），**monsieur**（男性に）をつけると丁寧になり印象もよくなります。
□ こんばんは。	**Bonsoir (madame / mademoiselle / monsieur).**
□ さようなら。	**Au revoir (madame / mademoiselle / monsieur).**
□ 良い 1 日を。 良い晩を。	**Bonne journée.** **Bonne soirée.**
□ おやすみなさい。	**Bonne nuit.**
□ またあとで。	**À tout à l'heure.**
□ また今度。	**À bientôt.**
□ はじめまして。	**Enchanté(e).**
□ 元気？ お元気ですか。	**Ça va ? / Comment vas-tu ?** **Comment allez-vous ?**
□ 元気です。	**(Je vais) Très bien, merci.**
□ 君は？ あなたは？	**Et toi ?** **Et vous ?**
□ 君もね！ あなたもね！	**Toi aussi !** **Vous aussi !**

15

035

2 日付を尋ねる

Aujourd'hui, c'est le combien ?
今日は何日ですか。

—C'est le 2 (mai).
—今日は（5月）2日です。

今日の日付・曜日を尋ねる質問と答えには，次のようなパターンがあります。

日付・曜日の尋ね方と答え方

036

Aujourd'hui, { c'est / on est / nous sommes } quel jour ? 今日は何曜日ですか。

—**C'est lundi.** 月曜日です。

—**On est mardi.** 火曜日です。

—**Nous sommes mercredi.** 水曜日です。

Aujourd'hui, { c'est / on est / nous sommes } le combien ? 今日は何日ですか。

—**C'est le 4 juin.** 6月4日です。

—**On est le 18 novembre.** 11月18日です。

—**Nous sommes le premier décembre.** 12月1日です。

日付は「**le +日（数字）**」，「ついたち」は **le premier**（**le 1**[er]）です。
曜日を追加したいときは，**le** の直後に入れます。

C'est le（lundi）2. 2日（月曜日）です。

達成率 20 %

曜日だけで答えたいときは，無冠詞になります。

C'est mardi.　火曜日です。

＊定冠詞をつけると「毎週」の意味に。**Je suis occupé le mardi.**　私は，毎週火曜は忙しいです。

月の表現

037

1月	2月	3月	4月	5月	6月
janvier	février	mars	avril	mai	juin

7月	8月	9月	10月	11月	12月
juillet	août	septembre	octobre	novembre	décembre

曜日の表現

月	火	水	木	金	土	日
lundi	mardi	mercredi	jeudi	vendredi	samedi	dimanche

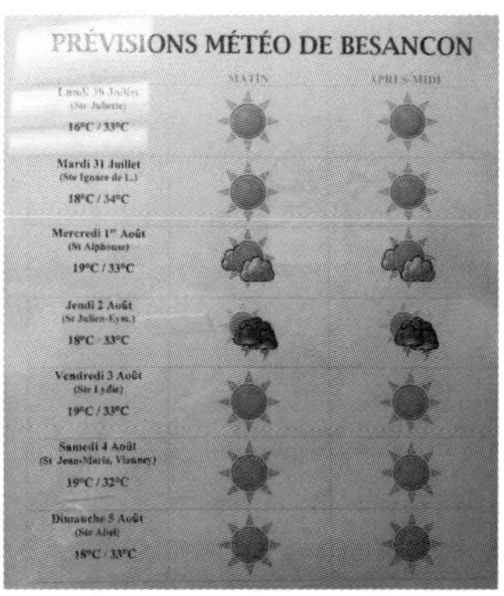

ホテルの受付に掲示された週間天気予報。曜日と日付の下に，聖人の名前が記されています。（p.77 参照）

3 機内で

Du café ?
コーヒーはいかがですか。
—Oui, avec du lait, s'il vous plaît.
—はい，ミルクもつけてください。

おさえておきたい表現

039

□ 日本語の新聞／ブランケットはありますか。	Vous avez un journal japonais/ une couverture ?
□ お魚／お肉はありますか。	Vous avez du poisson/de la viande ?
□（どうも）ありがとうございます。	Merci (beaucoup).
□ どういたしまして。	De rien. Je vous en prie. Je t'en prie.
□ 少し寒いです。	J'ai un peu froid.
□ お水をください。	De l'eau, s'il vous plaît.
□ 砂糖つきでお願いします。	Avec du sucre, s'il vous plaît.
□ 氷抜きでお願いします。	Sans glaçons, s'il vous plaît.
□ お魚の方にしてください。	Je préfère le poisson.
□ 私はベジタリアンです。	Je suis végétarien(ne).
□ 私は卵アレルギーです。	Je suis allergique aux œufs.

「～はありますか。」は，**Vous avez … ?** といいます（原形は **avoir**（～を持っている））。後ろには「**不特定**」のもの（不定冠詞・部分冠詞）を続け

るのが一般的です。機内での飲み物は，ポットなどからいくらかの「量」を注いでもらうことが多いので，**un café**（1 杯のコーヒー）という代わりに **du café**（いくらかのコーヒー）と伝えるのが自然です。

前置詞 **avec**（～付き）と **sans**（～抜き）は，注文時に好みを伝えるのに役立ちます（英語の **with** と **without** に相当します）。

avec ＋ 不定冠詞・部分冠詞	⇔	**sans ＋ 無冠詞**
Avec du **sucre,**	⇔	Sans **sucre,**
Avec des **glaçons,**	⇔	Sans **glaçons,**
Avec de la **mayonnaise,**	⇔	Sans **mayonnaise,**

... s'il vous plaît.

「お肉をください」は，Je préfère la viande. または De la viande, s'il vous plaît. といいます。

スーパーで買った sans pesticides（殺虫剤不使用）のミニトマトと sans sel ajouté（塩分無添加の）カシューナッツ。

基本表現とあいさつ・日付・機内で

～役立つ文法 TOP3：人称代名詞・冠詞・前置詞～

Exercices

1 答えましょう。

① Aujourd'hui, on est le combien ?

② Demain, c'est quel jour ?

2 (　　　) に入る語を avec か sans から選んで書きましょう。

① Un thé (　　　) du lait, s'il vous plaît.

② Un sandwich (　　　) beurre, s'il vous plaît.

③ De l'eau (　　　) des glaçons, s'il vous plaît.

④ Un citron pressé (　　　) sucre, s'il vous plaît.

⑤ Un hamburger (　　　) moutarde, s'il vous plaît.

040 **3** 文を聞き，(　　　) に入る語を書き取りましょう。

① (　　　), ça va ? — Très bien, (　　　). Et (　　　) ?

② (　　　) revoir, (　　　). Bonne (　　　).

③ Aujourd'hui, c'est (　　　). Demain, c'est (　　　).

④ (　　　) beaucoup. — Je (　　　) en prie.

⑤ (　　　) (　　　) désolé. — (　　　) (　　　) problème.

カナダのフランス語

カナダ北西部では，16 世紀にフランスによる植民地開拓が始まりました。現在もケベック州ではフランス語（le français québécois）が公用語として話されています。当時の言葉や発音の名残りがあるため，フランス人にとってはクラシックな趣を感じるようです。英語からの借用の多い一方，周囲からの英語の侵入からフランス語を守ろうとする運動があり，英語由来の言葉もフランス語に訳されています。手軽に食べられる le chien chaud もその代表例です。

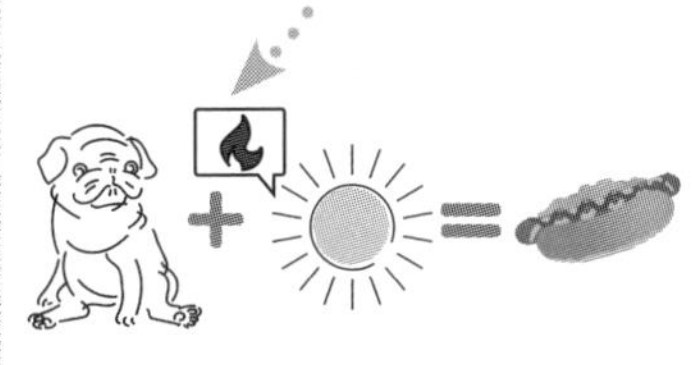

ケベック州の首都，ケベック・シティ（Ville de Québec）。

《答え》【1】① Aujourd'hui, on est le（曜日）日付（月）。　＊曜日と月は入れなくてもかまいません。
② Demain, c'est (le) 曜日（日付）（月）。　＊日付と月は入れなくてもかまいません。

【2】① avec　ミルク付きの紅茶をください。
② sans　バター抜きのサンドイッチをください。
③ avec　氷入りの水をください。
④ sans　砂糖抜きの生レモンジュースをください。
⑤ sans　マスタード抜きのハンバーガーをください。

【3】① Bonjour，merci，toi　② Au，madame，journée　③ mercredi，jeudi
④ Merci，vous　⑤ Je suis，Pas de

① Bonjour ça va ? —Très bien, merci. Et toi ?
こんにちは，お元気ですか。—とても元気です，ありがとう。君は？
② Au revoir, madame. Bonne journée.　さようなら，良い１日を。
③ Aujourd'hui, c'est mercredi. Demain, c'est jeudi.　今日は水曜日です。明日は木曜日です。
④ Merci beaucoup. —Je vous en prie.　どうもありがとうございます。—どういたしまして。
⑤ Je suis désolé. —Pas de problème.　ごめんなさい。—大丈夫ですよ。

▶5日目 第1週（1日目～3日目）のまとめ問題

1日目 名詞と名詞の前につけることば

1 語尾を参考に，男性名詞か女性名詞かを見分け，表のあてはまるところに✔をしましょう。

	男性	女性
① culture		
② séisme		
③ beauté		
④ étude		
⑤ collage		

2 (　　) に入る不定冠詞を入れましょう。

① Qu'est-ce que c'est ?
— C'est (　　) galette㊛ des rois.
これは何ですか。
―ガレット・デ・ロワです。

② Qu'est-ce que c'est ?
— C'est (　　) croissant㊚.
これは何ですか。
―クロワッサンです。

③ Qu'est-ce que c'est ?
— Ce sont (　　) chouquettes㊛.
これは何ですか。
―シュケットです。

④ Qui est-ce ?
— C'est (　　) acteur américain.
こちらは誰ですか。
―アメリカ人俳優です。

⑤ Les Beatles, qui est-ce ?
— Ce sont (　　) musiciens anglais.
ビートルズというのは誰ですか。
―イギリス人ミュージシャンです。

3 文を聞いて，話題になっているものが特定か不特定かを聞き取り，表のあてはまるところに✔をしましょう。

	特定	不特定
①		
②		
③		
④		
⑤		

2日目 名詞の前につけることば

042 **1** 文を聞いて，(　　　) に入る所有形容詞を書き取りましょう。

① **Oh là là ! J'ai perdu (　　　　) livre !**

② **Où est (　　　　) sac ?**

③ **Je ne trouve pas (　　　　) valise.**

④ **(　　　　) professeur habite où ?**

⑤ **Léo et Léa travaillent avec (　　　　) professeurs.**

2 [　] の語を使ってフランス語に訳しましょう。数字は綴りで書きましょう。

① 私はお茶が好きです。毎晩お茶を飲んでいます。
[お茶 **thé**㊚，私は飲む **je bois**，毎晩 **tous les soirs**]

② 私は肉が好きではありません。魚の方が好きです。[私は～の方が好きだ **je préfère**]

③ パンはまだありますか。――はい，昨日のパンがまだあります。
[～がまだある **il y a encore**，パン **pain**㊚，昨日の **d'hier**]

④ 私は犬を 1 匹飼っています。私は犬が大好きです。
[犬 **chien**㊚，私は飼っている **j'ai**，私は大好きだ **j'aime beaucoup**]

⑤ 私は苺をいくつかとメロンを 1 つ買います。私はメロンの方が好きです。
[私は買う **j'achète**，苺 **fraise**㊛，メロン **melon**㊚，私は～のほうが好きだ **je préfère**]

⑥ 私の父は体重が 89 キロあります。[(彼は) 体重が～だ **(il) pèse** <原形 **peser**]

⑦ 私の母は身長が 1 メートル 58 あります。
[(彼女は) 身長が～だ **(elle) mesure** <原形 **mesurer**]

⑧ 私は本を 540 冊持っています。[私は持っている **j'ai** <原形 **avoir**]

⑨ この本は 300 ページあります。[ページ **page**㊛]

⑩ 62 人の学生がいます。[～がいる **il y a**]

043 **3** 文を聞いて，話題になっているものが特定か不特定かを聞き取り，表のあてはまるところに ✔ をしましょう。

	特定	不特定
①		
②		
③		
④		
⑤		

▶5日目 第1週（1日目〜3日目）のまとめ問題

3日目 être を使った文

044
1 文を聞き，(　　　) に入る語を書き取りましょう。

① (　　　) (　　　) d'accord.

② (　　　) (　　　) célibataire.

③ (　　　) (　　　) prêts ?

④ (　　　) (　　　) là.

⑤ (　　　) (　　　) sûr ?

2 (　　　) に適切な強勢形を書きましょう。

① Je travaille avec (　　　) depuis 5 ans. 彼と5年前から働いています。

② J'habite chez mes parents.
J'habite chez (　　　) depuis avril.
私は両親の家に住んでいます。
彼らの家に4月から住んでいます。

③ Ces lunettes, c'est à Mina ?
— Oui, c'est à (　　　).
この眼鏡，ミナの？
—はい，彼女のです。

④ Ce sont vos amis, sur la photo ?
— Oui, ce sont (　　　).
写真に写っているのはあなたの友人たちですか。
—はい，彼らです。

⑤ Je n'aime pas le café. Et toi ?
— (　　　) non plus.
私はコーヒーが好きではありません。君は？
—私もです。

045
3 文を聞いて，(　　　) に **être** 動詞の活用と，前置詞を入れましょう。

Bonjour. Je m'appelle Mina Dupont. Je (　　　) étudiante (　　　) université㊛ de Londres. Je (　　　) née (　　　) Tokyo, mais j'habite (　　　) Angleterre (　　　) mes parents. Mon père (　　　) professeur (　　　) musique.㊛ Il travaille (　　　) lycée.㊚ Ma mère (　　　) employée (　　　) bureau.㊚ Ils (　　　) très sympa.

達成率 24 %

《答え》

1日目

【1】

		男性	女性
① culture	文化		✔
② séisme	地震	✔	
③ beauté	美しさ		✔
④ étude	勉学		✔
⑤ collage	コラージュ	✔	

【2】① une　② un　③ des　④ un　⑤ des

【3】

	特定	不特定
①		✔
②	✔	
③	✔	
④	✔	
⑤		✔

① C'est de la mayonnaise.　これはマヨネーズです。
② Voici la spécialité du restaurant.　こちらはレストランの名物料理です。
③ C'est le pain d'épices de Dijon.　こちらはディジョンのパン・デピスです。
④ Voici les nouveaux étudiants.　こちらは新しい学生たちです。
⑤ Voici des étudiants chinois.　こちらは中国の学生たちです。

2日目

【1】① votre　まあ大変！ あなたの本を失くしてしまいました。
② ton　君のバッグはどこ？
③ sa　私は彼（女）のスーツケースが見つかりません。
④ Leur　彼らの先生はどこに住んでいますか。
⑤ leurs　レオとレアは彼らの先生たちと一緒に勉強［仕事］しています。

【2】① J'aime le thé. Je bois du thé tous les soirs.
② Je n'aime pas la viande. Je préfère le poisson.
③ Il y a encore du pain ? —Oui, il y a encore le pain d'hier.
④ J'ai un chien. J'aime beaucoup les chiens.
⑤ J'achète des fraises et un melon. Je préfère le melon.
⑥ Mon père pèse quatre-vingt-neuf kilos.
⑦ Ma mère mesure un mètre cinquante-huit.
⑧ J'ai cinq cent quarante livres.
⑨ Ce livre a trois cents pages.
⑩ Il y a soixante-deux étudiants.

＊⑤ 苺のように一般的に一度に複数個を食べるものについて好みを表したいときは，複数形を用います。Je préfère les fraises.

【3】

	特定	不特定
①		✔
②	✔	
③	✔	
④		✔
⑤	✔	

① Je voudrais une salade, s'il vous plaît.　サラダを１つください。
② Voici ma famille.　こちらは私の家族です。
③ Ce sac est petit.　このバッグは小さいです。
④ Vous voulez un dessert ?　デザートはいかがですか。
⑤ Où sont les toilettes ?　お手洗いはどこですか。

▶5日目 第１週（１日目～３日目）のまとめ問題

3日目

【1】① Je suis　私は賛成です。
② Il est　彼は独身です。
③ Vous êtes　あなたたちは用意ができていますか。
④ Ils sont　彼らはそこにいます。
⑤ Tu es　君は確かなの？

【2】① lui　② eux　③ elle　④ eux　⑤ Moi

【3】suis // à l' // suis // à // en // avec // est // de // au // est // de // sont

こんにちは。私の名前はミナ・デュポンです。私はロンドン大学の学生です。私は東京で生まれましたが，両親とイギリスに住んでいます。私の父は音楽の教師です。彼は高校で働いています。私の母は会社員です。彼らはとても感じが良いです。

＊ sympa：sympathique の略で，性数に合わせて変化しません（不変）。

Bonjour ! Je suis Lucie. Je suis employée. Je suis célibataire. Mes parents aussi, ils sont employés. Et mon grand frère, lui, il est musicien. Il est marié. J'ai trois chats. Ils sont mignons. J'aime beaucoup les chats. Enchantée !

こんにちは！　私はリュシーです。私は会社員です。私は独身です。私の両親も会社員です。そして，私の兄は音楽家です。彼は結婚しています。私は猫を３匹買っています。彼らは可愛いです。私は猫が大好きです。よろしくね！

バスク地方

バスク地方（le Pays basque）は，フランスの南西部ピレネー山脈の両麓，フランスとスペインの両国にまたがる地方です。フランス語のほか，現地語であるバスク語も話され，標識や看板はバスク語とフランス語が併記されています。バスクのシンボルといえばベレー帽。食べ物ではガトー・バスク（le gâteau basque），バイヨンヌの生ハム（le jambon de Bayonne），エスプレットの唐辛子 (le piment d'Espelette) が名物です。バスク地方には，Boléro の作曲家 Maurice Ravel の生まれた Ciboure という街があります。

トウガラシの町エスプレット（Espelette）の郵便局。

エスプレットの街角。

バスク十字の模様のついたガトー・バスク。

ベレー帽はバスクの象徴。

エスプレットのトウガラシ店ではトウガラシの粉やピュレ，風味づけされたオイルやマスタードが並ぶ。

▶6日目 avoirを使った文

20

1 動詞 avoir

Vous avez quel âge ?
おいくつですか。
—J'ai 20 ans.
—私は20歳です。
Vous avez des frères et sœurs ?
兄弟姉妹はいますか。
—Oui, j'ai un frère, mais je n'ai pas de sœurs.
—はい，兄（弟）が1人いますが，姉妹はいません。

動詞 avoir の意味と役割：
1 所有　2 年齢　3 体調などの表現　4 複合過去などの助動詞

《**avoir** の活用》

j'	ai	nous	avons
tu	as	vous	avez
il/elle/on	a	ils/elles	ont

1 所有

avoir の後ろには，**直接目的語**が続きます。

▶直接目的語につく**不定冠詞**と**部分冠詞は，否定文では de**（「無」を表す）に変化します。

Tu as des sœurs ? — Non, je n'ai pas de sœurs.
君には姉妹がいますか。—いいえ，姉妹はいません。

※ **du** と **de** の発音は異なります。**du** は口笛を吹くように唇を尖らせ，**de** は唇の力を抜いて発音しましょう。

②年齢

Mina a quel âge ? — Elle a 16 ans.

ミナは何歳ですか。── 彼女は16歳です。

③体調などの表現

□ 私は空腹です。	J'ai faim.
□ 私は喉が渇いています。	J'ai soif.
□ 私は暑いです。	J'ai chaud.
□ 私は寒いです。	J'ai froid.
□ 私は眠いです。	J'ai sommeil.
□ 私は痛いです。	J'ai mal.
□ 私は～が必要です。	J'ai besoin (de) ….
□ 私は～が怖いです。	J'ai peur (de) ….
□ 私は～が欲しいです。	J'ai envie (de) ….
□ 私は正しいです／間違っています。	J'ai raison / tort.

▶前置詞 de の後ろの部分冠詞や des は省略されます。

J'ai besoin de ~~(du)~~ café.

私にはコーヒーが必要です。

④複合過去などの助動詞

Vous avez fini ? — Oui, j'ai fini.

終わりましたか。── はい，終わりました。

▶6日目 avoirを使った文

Exercices

1 (　　　) に avoir の活用形を書きましょう。

① **Tu (　　　) quel âge ?** 君は何歳ですか。
— J'(　　　) 20 ans. ── 私は20歳です。

② **Vous (　　　) des salades ?** サラダはありますか。

— Oui, nous (　　　) une salade niçoise. ── はい，ニース風サラダがあります。

③ **Noé et Paul (　　　) un petit chien.** ノエとポールは子犬を飼っています。

④ **Jim (　　　) faim.** ジムはお腹が空いています。
Il (　　　) envie d'un bon plat. 彼は美味しい料理を欲しています。

⑤ **Hugo et Daniel, vous (　　　) besoin d'aide ?**
ユーゴとダニエル，あなたたちは助けが必要ですか。

2 (　　　) に主語人称代名詞を入れましょう。

① **(　　　) avez des frères et sœurs ?** (　　　) は兄弟姉妹がいますか。
— Oui, (　　　) a une petite sœur. ── はい，(　　　) は妹がいます。

② **(　　　) ont un chat noir.** (　　　) は黒猫を飼っています。

③ **(　　　) as soif ?** (　　　) は喉が渇いていますか。

④ **(　　　) a un petit ami ?** (　　　) は恋人がいますか。
— Mina ? Oui, mais pourquoi ? ── ミナですか？　はい，でもどうして？

⑤ **(　　　) avons très sommeil.** (　　　) はとても眠いです。

049 **3** 文を聞いて，それに対する質問を，ア～オより選びましょう。

① (　　　)

② (　　　)

③ (　　　)

④ (　　　)

⑤ (　　　)

ア **Il a chaud ?**	イ **Il a raison ?**	ウ **Ils ont mal ?**
エ **Ils ont sommeil ?**	オ **Il a soif ?**	

Ils ont sommeil.
Ils ont besoin de dormir.

彼らは眠いです。彼らには寝ることが必要です。

Ils ont soif.
Ils ont envie de boire de l'eau.

彼らは喉が渇いています。彼らは水を飲みたがっています。

Ils ont mal.
Ils ont besoin d'aller à l'hôpital.

彼らは痛がっています。彼らには病院に行くことが必要です。

Ils ont faim.
Ils ont envie d'un gâteau.

彼らは空腹です。彼らはケーキを欲しがっています。

《答え》【1】① as, ai　② avez, avons　③ ont　④ a, a　⑤ avez

【2】① Vous（あなたたち）, on（私たち）　② Ils（彼ら）　③ Tu（君）　④ Elle（彼女）　⑤ Nous（私たち）

【3】① エ　② ウ　③ イ　④ ア　⑤ オ

① Oui, ils ont sommeil.　はい，彼らは眠いです。
② Oui, ils ont mal.　はい，彼らは痛がっています。
③ Non, il a tort.　いいえ，彼は間違っています。
④ Non, il a froid.　いいえ，彼は寒がっています。
⑤ Oui, il a soif.　はい，彼は喉が渇いています。

22

2 il y aと色々な前置詞

Il y a une pharmacie à côté de la poste, mais il n'y a pas de boulangerie.
郵便局の隣に薬局はありますが，パン屋はありません。

Il y a	+	男性単数名詞 女性単数名詞 複数形	（＋位置情報）
		⇧ 多くの場合，不定冠詞・部分冠詞	⇧ 必要に応じて

il y a の否定＝ **il n'y a pas (de)**

（不定冠詞・部分冠詞は，否定文で **de** に変化）

位置情報を示す前置詞

- ～で，～へ，～に《場所》 **à**（p.44 参照）

Il y a des musées㊚ **à Paris.**
（美術館）

- ～の上に **sur**

Il y a un portable sur la table.
（携帯）

- ～の中に **dans**

Il y a un mouchoir dans la boîte.
（ハンカチ）（箱）

- ～の下に **sous**

Il y a un sac sous la chaise.
（椅子）

• ～の後ろで［に］《場所》 **derrière**

Il y a une voiture derrière la maison.
（車）

• ～の前で［に］《場所》 **devant**

Il y a une plante devant la porte.
（植木）（ドア）

• ～の隣に **à côté de**

Il y a un marché à côté de la poste.

• ～の右に **à droite de** • ～の左に **à gauche de**

Il y a une photo à droite de / à gauche de la fleur.
（花）

• ～の近くに **près de** • ～から遠くに **loin de**

Il y a un hôtel près de / loin de la gare.
（駅）

• *A* と *B* の間に **entre *A* et *B***

Il y a une maison entre la poste et la banque.

de は，**le** の前で **du**，**les** の前で **des** になります（p.45 参照）。

à côté du cinéma ／ près des arbres
（映画館）

そのほかの情報を示す色々な前置詞

時	• ～の後 **après** • ～の間 **pendant** • ～の前 **avant** • ～以来 **depuis** • ～から **à partir de** • ～まで **jusqu'à** • *A* から *B* まで **de *A* à *B***
その他	• ～とともに **avec** • ～なしで **sans** • ～以外 **sauf** • ～のために **pour** • ～の方へ **vers** • ～によって **par**

avoir を使った文

Exercices

1 (　　　) に位置を表す語を入れましょう。1 語とは限りません。

① **Il y a une maison (　　　) restaurant.**
レストランの隣に家があります。

② **Il y a des fleurs (　　　) la gare.**
駅の前に花々があります。

③ **Il y a des enfants (　　　) la salle de classe.**
教室の中に子どもたちがいます。

④ **Il y a un dictionnaire (　　　) la table.**
テーブルの上に辞書があります。

⑤ **Il y a un cinéma (　　　) le supermarché (　　　) la poste.**
スーパーマーケットと郵便局の間に映画館があります。

2 (　　　) に前置詞を入れましょう。

① **(　　　) les vacances, je voyage.**
休暇中，私は旅行をします。

② **Je travaille (　　　) neuf heures (　　　) seize heures.**
私は 9 時から 16 時まで仕事をします。

③ **J'ai des fleurs (　　　) vous.**
あなたのために花があります。

④ **Les étudiants sont (　　　) le professeur.**
学生たちは先生と一緒です。

⑤ **Je suis triste (　　　) toi.**
君がいないと悲しいです。

052 **3** 文を聞いて，(　　　) に前置詞を書きましょう。

① **Il y a des gens (　　　) la place.**

② **(　　　) la rue, il y a des oiseaux.**

③ **On danse (　　　) les arbres.**

④ **La feuille est (　　　) le livre.**

⑤ **(　　　) le balcon, il y a des plantes.**

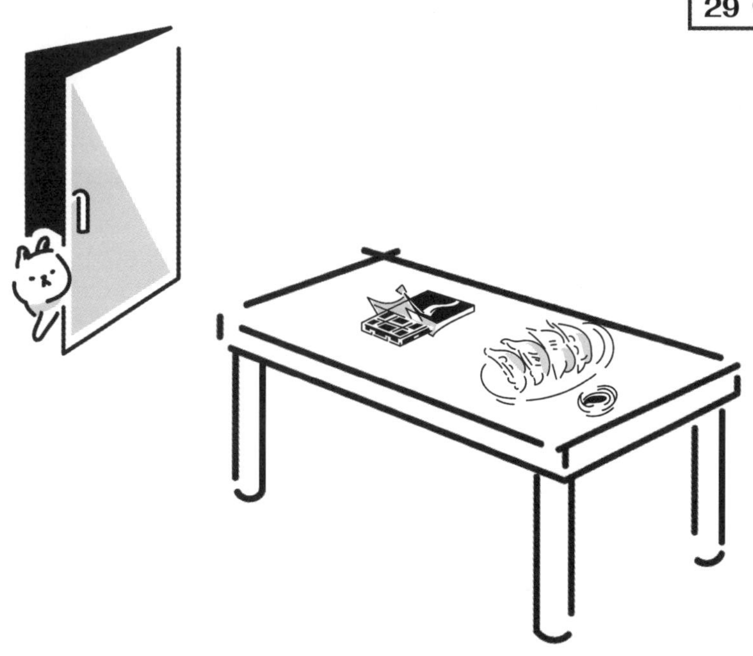

Sur la table, il y a du chocolat. À droite du chocolat, il y a deux assiettes : une grande assiette et une petite assiette. La grande assiette est entre le chocolat et la petite assiette. Sur la grande assiette, il y a quatre raviolis chinois. Dans la petite assiette, il y a de la sauce de soja. Il y a une porte à gauche de la table. Derrière la porte, il y a un chat...

テーブルの上にチョコレートがあります。チョコレートの右には皿が２枚あります。大きい皿と小さい皿です。大きい皿は，チョコレートと小さい皿の間にあります。大きい皿の上には，餃子が４個あります。小さい皿には醤油が入っています。テーブルの左にはドアがあります。ドアの後ろには猫がいます…

《答え》【1】① à côté du　② devant　③ dans　④ sur　⑤ entre, et

【2】① Pendant　② de, à　③ pour　④ avec　⑤ sans

【3】① sur　② Dans　③ sous　④ sous　⑤ Sur

① Il y a des gens sur la place.　広場に人がいます。
② Dans la rue, il y a des oiseaux.　道に鳥たちがいます。
③ On danse sous les arbres.　私たちは木の下で踊ります。
④ La feuille est sous le livre.　プリント（葉っぱ）は本の下です。
⑤ Sur le balcon, il y a des plantes.　バルコニーに植木があります。

3 il y a, il est, c'est の使い分け

Il y a un chat. C'est le chat de Mina.
猫がいます。それはミナの猫です。

Il est mignon.
それはかわいいです。

il y a：それまで存在しなかった人・ものの存在を示す（il＝非人称）

c'est：人・ものについて「冠詞＋名詞」を使って紹介・説明

il est：すでに登場した人・ものについて「属詞（国籍・職業）・形容詞」を使って説明（il＝彼・それ）

Il y a **un artiste.**
1人の芸術家がいます。

C'est **un artiste.**　　× ~~Il est~~ un artiste.
こちらは芸術家です。

Il est **artiste.**
彼は芸術家です。

●複数形の場合●

Il y a **des Français.**
何人かのフランス人がいます。

Ce sont **des Français.**
こちらはフランス人たちです。

Ils sont **français.**
彼らはフランス人です。

＊国籍を表す語が名詞のとき，頭文字を大文字にします。

C'est une femme.
Elle est mince.
⇒ C'est une femme mince.

こちらは１人の女性です。

彼女は痩せています。

⇒ こちらは１人の痩せた女性です。

Ce sont des employés.
Ils sont joyeux.
⇒ Ce sont des employés joyeux.

こちらは会社員たちです。

彼らは陽気です。

⇒ こちらは陽気な会社員たちです。

C'est un couple.
Ils sont heureux.《**heureux :** 複数》
⇒ C'est un couple heureux.《**heureux :** 単数》

こちらは１組のカップルです。

彼らは幸せです。

⇒ こちらは幸せな１組のカップルです。

C'est un homme.
Il est musclé.
⇒ C'est un homme musclé.

こちらは１人の男性です。

彼は筋肉質です。

⇒ こちらは１人の筋肉質の男性です。

フーコーの振り子（le pendule de Foucault）のある塔の上まで，階段で（par les escaliers）上ることもできます（時の博物館 Musée du Temps，ブザンソン）。

Exercices

1 (　　　　) に入る語を，**il y a** か **il est** から選んで書きましょう。

① (　　　　) japonais.

② (　　　　) un Japonais.

③ (　　　　) un acteur chinois.

④ (　　　　) acteur.

⑤ (　　　　) des acteurs.

2 (　　　　) に入る語を，**c'est** か **il est** から選んで書きましょう。

① (　　　　) un musicien américain.

② (　　　　) musicien.

③ (　　　　) le frère de Mina.

④ (　　　　) mon ami.

⑤ (　　　　) américain.

055 **3** 文を聞いて，**il y a**，**c'est**，**il est** を聞き取り，表のあてはまるところに ✔ をしましょう。1か所とは限りません。

	il y a	c'est	il est
①			
②			
③			
④			
⑤			

1回目	2回目	3回目	達成率
年　月　日	年　月　日	年　月　日	31 %

フランス語で「ティッシュ」は？

フランス語の **un tissu** という単語は「ティッシュ」ではなく，「織物・布」を指します。「ティッシュ」はフランス語で **un mouchoir (en papier)** といいます。**un mouchoir**（ハンカチ）は，フランス人にとって鼻をかむ（= **se moucher**）ためのものを指しますが，今ではティッシュで鼻をかむのが一般的になったというわけです。

Il se mouche avec un mouchoir en papier.

彼はティッシュペーパーで鼻をかみます。

《答え》【1】
① Il est　彼は日本人です。
② Il y a　日本人が１人います。
③ Il y a　１人の中国人俳優がいます。
④ Il est　彼は俳優です。
⑤ Il y a　俳優が何人かいます。

【2】
① C'est　こちらはアメリカ人のミュージシャンです。
② Il est　彼はミュージシャンです。
③ C'est　こちらはミナの兄弟です。
④ C'est　こちらは私の男友達です。
⑤ Il est　彼はアメリカ人です。

【3】

	il y a	c'est	il est
①			✔
②	✔	✔	
③		✔	
④			✔
⑤	✔		

① Notre professeur ? Il est français.　私たちの先生？ 彼はフランス人です。
② Il y a une photo dans le sac. C'est la photo de ma famille.
　バッグの中に写真が１枚あります。私の家族の写真です。
③ C'est un artiste canadien. Il a 20 ans.　こちらはカナダ人の芸術家です。彼は20歳です。
④ Il est sur la table.　それはテーブルの上にあります。
⑤ Il y a une poste près d'ici ?　この近くに郵便局はありますか。

26

1 疑問文

Est-ce que vous êtes étudiant ?
あなたは学生ですか。

—Oui, je suis étudiant.
—はい，私は学生です。

疑問文の作り方

1 **そのままの形でイントネーションを上げる。**

2 **文頭に Est-ce que をつける。**

＊母音と無音の **h** の前では **Est-ce qu'**。

3 **主語と動詞を倒置させてハイフンでつなぐ。**

il ／ **elle** と母音で終わる動詞を倒置させるときは「**-t-**」を間に入れます。

057

Il travaille à Paris ?

⇨ **Travaille-t-il à Paris ?**

リエゾンして発音

主語が**普通名詞や固有名詞**のとき，主語に代わる**代名詞**を新しく立ててから動詞と倒置させます。

Mina est là ?

⇨ **Mina est-elle là ?**

elle ＝新しく立てた代名詞

Est-ce que は **c'est que**（〜ということだ）が倒置した形で，それ自体に意味はありません。後ろの文に代わって倒置しているので，後ろの文を倒置させる必要がありません。

Le chat est sur l'ordinateur ?
Est-ce que le chat est sur l'ordinateur ?
Le chat est-il sur l'ordinateur ?

—Oui, il est sur l'ordinateur.

猫はパソコンの上ですか。

——はい，猫はパソコンの上にいます。

La femme cherche son chien ?
Est-ce que la femme cherche son chien ?
La femme cherche-t-elle son chien ?

—Oui, elle cherche son chien.

女性は彼女の犬を探していますか。

——はい，彼女は彼女の犬を探しています。

27

Exercices

1 次の質問文を，**Est-ce que** から始まる疑問文と，倒置した疑問文に書き換えましょう。

① **Vous êtes au bureau ?** あなたはオフィスにいるのですか。

② **Il travaille chez lui ?** 彼は自宅で仕事をしていますか。

③ **Vous avez des sandwichs ?** サンドイッチはありますか。

④ **Mina est professeur ?** ミナは教師ですか。

⑤ **Ils sont étudiants ?** 彼らは学生ですか。

2 **Est-ce que** を使ってフランス語に訳しましょう。

① あなたたちは教師ですか。

② 君は 15 歳ですか。

③ 君は医者ですか。

④ 彼女はフランス人ですか。

⑤ **Léon** はかっこいいですか。（かっこいい＝ **beau**）

058

3 質問文を聞いて，答えの続きを書きましょう。

① **Oui, (** **)**

② **Non, (** **)**

③ **Oui, (** **)**

④ **Oui, (** **)**

⑤ **Non, (** **)**

聖人カレンダー

フランスのカレンダーには，365日それぞれにキリスト教の守護聖人の名前が記されており，その日はその聖人の祭日とされています。例えば8月18日は聖ヘレナの祭日（la Sainte-Hélène），12月31日は聖シルベスターの祭日（la Saint-Sylvestre）といった具合です。日本でも2月14日の聖バレンタインの日（la Saint-Valentin）はよく知られています。聖人の日にlaがつくのは，祭日（la fête）という単語が女性名詞だからです。

フランスでも，時代とともに人気のある名前は変化していますが，子どもの名前を聖人の名前からとる伝統も残っています。自分と同じ名前の聖人の日にはBonne fête !（祭日おめでとう！）といってお祝いをしてもらえます。子どものお祝いが年に2回できるよう，誕生日とは別の日の聖人の名前を子どもにつけるのが一般的のようです。

《答え》【1】①Est-ce que vous êtes au bureau ? Êtes-vous au bureau ?
②Est-ce qu'il travaille chez lui ? Travaille-t-il chez lui ?
③Est-ce que vous avez des sandwichs ? Avez-vous des sandwichs ?
④Est-ce que Mina est professeur ? Mina est-elle professeur ?
⑤Est-ce qu'ils sont étudiants ? Sont-ils étudiants ?

【2】①Est-ce que vous êtes professeurs ?
②Est-ce que tu as 15 ans ?
③Est-ce que tu es docteur(e) ?
④Est-ce qu'elle est française ?
⑤Est-ce que Léon est beau ?

【3】①j'ai 20 ans. / on a 20 ans. / nous avons 20 ans.
②il a faim. など
③elle a 15 ans.
④il est étudiant.
⑤elle est française. など

①Avez-vous 20 ans ?　あなたは20歳ですか。
②Est-ce que Léon a soif ?　レオンは喉が渇いていますか。
③Léna a-t-elle 15 ans ?　レナは15歳ですか。
④Est-ce que Jim est étudiant ?　ジムは学生ですか。
⑤Mina est-elle japonaise ?　ミナは日本人ですか。

28

2 否定形

Est-ce que vous êtes étudiant ?
あなたは学生ですか。

—Non, je ne suis pas étudiant.
—いいえ，私は学生ではありません。

Je suis professeur.
私は教師です。

否定形＝ **ne** ＋動詞＋ **pas**（**n'** ＋母音や無音の h で始まる動詞＋ **pas**）

Je ne suis pas libre.
私は暇ではありません。

Elle n'est pas libre.
彼女は暇ではありません。

●**ne … pas** 以外の否定表現●

ne … plus　もはや～ない

Je ne voyage plus.
私はもう旅行しません。

Elle n'est plus là.
彼女はもうそこにいません。

ne … jamais　決して～ない

Je ne voyage jamais.
私は決して旅行しません。

Elle n'est jamais là.
彼女は決してそこにいません。

直接目的語につく不定冠詞・部分冠詞は否定文では **de** になります。

Elle a une voiture ?

— Non, elle n'a pas de voiture.

彼女は車を持っていますか。

—いいえ，彼女は車を持っていません。

疑問文が否定形のとき，**si** ／ **non** で答えます。

Vous n'êtes pas japonais ?

あなたは日本人ではないのですか。

— Si, je suis japonais. ×~~Oui~~, je suis japonais.

—いえ，私は日本人です。

— Non, je ne suis pas japonais.

—はい，私は日本人ではありません。

Tu n'as pas faim ?
お腹，空いてない？
Si, j'ai faim.
ううん，空いてるよ。

Exercices

1 (　　) に否定を表す表現（**ne ... pas**, **ne ... plus**, **ne ... jamais**）を入れましょう。

① **Désolé, mais je (　　) suis (　　) libre demain.** ごめんなさい，明日は暇ではありません。

② **Il (　　) habite (　　) à Londres.** 彼はもうロンドンに住んでいません。

③ **Je (　　) ai (　　) d'amis italiens.** 私にはイタリア人の友達がいません。

④ **On (　　) parle (　　) chinois.** 私たちは中国語を話しません。

⑤ **Je (　　) travaille (　　) chez moi.** 私は決して家で仕事をしません。

2 (　　) に入る語を **oui**, **si**, **non** から選んで書きましょう。

① **Elle n'a pas 20 ans ?** 彼女は 20 歳ではないのですか。
— (　　), elle a 20 ans.

② **Il a faim ?** 彼はお腹が空いていますか。
— (　　), il a faim.

③ **Tu es fatigué ?** 君は疲れていますか。
— (　　), je ne suis pas fatigué.

④ **Tu n'es pas occupé ?** 君は忙しくないのですか。
— (　　), je suis occupé.

⑤ **Vous n'êtes pas français ?** あなたたちはフランス人ではないのですか。
— (　　), on n'est pas français.

3 次の質問に否定形で答えましょう。

① **Est-ce que Léon travaille à Paris ?** レオンはパリで働いていますか。
— Non, ＿＿＿＿＿＿＿＿＿＿

② **As-tu des frères ?** 君は兄弟がいますか。
— Non, ＿＿＿＿＿＿＿＿＿＿

③ **Est-ce que vous avez de la viande ?** お肉はありますか。
— Non, ＿＿＿＿＿＿＿＿＿＿

④ **Est-il occupé ?** 彼は忙しいですか。
— Non, ＿＿＿＿＿＿＿＿＿＿

⑤ **Est-ce que tes parents ont une voiture ?** 君の両親は車を持っていますか。
— Non, ＿＿＿＿＿＿＿＿＿＿

達成率
35 %

Je suis contente.
私は満足です。

Elle est contente.
彼女は満足です。

Je ne suis pas contente.
私は不満です。

Elle n'est pas contente.
彼女は不満です。

Nous sommes d'accord.
私たちは賛成です。

Nous ne sommes pas d'accord.
私たちは反対です。

《答え》【1】① ne, pas ② n', plus ③ n', pas ④ ne, pas ⑤ ne, jamais

【2】① Si ② Oui ③ Non ④ Si ⑤ Non

【3】① il ne travaille pas à Paris.
② je n'ai pas de frères.
③ je n'ai pas de viande. / nous n'avons pas de viande. / on n'a pas de viande.
④ il n'est pas occupé.
⑤ ils n'ont pas de voiture.

29

3 色々な疑問文

Vous travaillez quand ? —Je travaille demain.
あなたはいつ仕事しますか。 —私は明日仕事します。

Vous travaillez où ? —Je travaille à Paris.
あなたはどこで仕事しますか。—私はパリで仕事します。

062 Vous étudiez …

quand ?	いつ	あなたは勉強しますか。
où ?	どこで	
quoi ?	何を	
comment ?	どのように	
pourquoi ?	なぜ	
combien de langues ?	いくつの言語を	
quelle(s) langue(s) ?	どの言語を	
avec qui ?	誰と	

063

疑問形容詞 quel(le)(s)（何の，どの～）+名詞	
quel film(男)	quelle couleur(女)
quels films(男・複)	quelles couleurs(女・複)

064 Vous aimez quel sport / quelle musique ?
あなたは何のスポーツ／音楽が好きですか。

▶ quel(le)(s) + être

Quel est votre film préféré ?
あなたの好きな映画は何ですか。

Quels sont vos films préférés ?
あなたの好きな映画《複数》は何ですか。

疑問詞を使った疑問文	疑問詞の位置
① Vous partez quand ?　いつ出発しますか。 Il a quel âge ?　彼は何歳ですか。	文末
② Quand est-ce que vous partez ? Quel âge est-ce qu'il a ?	文頭 ＋ est-ce que
③ Quand partez-vous ? Quel âge a-t-il ?	文頭 ＋ 倒置

▶ quoi（何を）は文頭で que に

① Tu veux quoi ?　何が欲しいの？

② Qu'est-ce que tu veux ?

③ Que veux-tu ?

「誰を」は **Qui est-ce que … ?** といいます。

Qui est-ce que tu attends ?　君は誰を待っているの？

「誰が？」「何が？」は **Qui（est-ce qui）… ? Qu'est-ce qui … ?** といいます。

Qui（est-ce qui）est drôle ?　誰が可笑しいの？

Qu'est-ce qui est drôle ?　何が可笑しいの？

▶ combien de ＋無冠詞の複数名詞

Vous avez combien de livres ?

あなたは何冊の本を持っていますか。

▶ pourquoi に対する答え：

parce que ＋節（なぜなら～）／ **pour** ＋動詞の原形（～するために）

Pourquoi est-ce que vous étudiez le français ?

なぜあなたはフランス語を勉強しているのですか。

— Parce que c'est facile.　―やさしいからです。

— Pour voyager en France.　―フランスへ旅行するためです。

▶7日目 文の組み立て

30

Exercices

1 (　　　) に疑問詞を入れましょう。

① **Vous travaillez (　　　) ?** あなたはどこで働いていますか。

② **Il mange (　　　) ?** 彼は何を食べますか。

③ **Tu as (　　　) âge**㊚ **?** 君は何歳ですか。

④ **(　　　) est votre maison ?** あなたの家はどんなですか。

⑤ **Vous êtes né (　　　) ?** あなたはいつ生まれましたか。

2 (　　　) に入る表現を，**Qu'est-ce que**（何を），**Qu'est-ce qui**（何が），**Qui est-ce que**（誰を），**Qui est-ce qui**（誰が）から選んで書きましょう。

① **(　　　) ça veut dire ?** それはどんな意味ですか。

② **(　　　) vous aimez ?** あなたは誰のことが好きなのですか。

③ **(　　　) va à Paris ?** 誰がパリに行きますか。

④ **(　　　) se passe ?** 何が起こっているのですか。

⑤ **(　　　) vous avez ?** どうしたのですか。

065 **3** (　　　) に入る疑問詞を聞き取りましょう。

① **Vous voulez (　　　) de grammes de tomates ?**
— J'en voudrais 300 grammes.

② **(　　　) est-ce que tu aimes le rock ?**
— Parce que c'est sympa.

③ **(　　　) sont les toilettes ?**
— C'est là-bas.

④ **(　　　) est ton sport préféré ?**
— C'est le rugby.

⑤ **Ça s'écrit (　　　) ?**
— Ça s'écrit A-N-H.

1回目	2回目	3回目	達成率
年　月　日	年　月　日	年　月　日	37 %

昆虫のホテル

フランスでは畑や庭園で昆虫のホテル（**l'hôtel à insectes**）を見かけることがあります。昆虫にとって過ごしやすい環境を用意することで，昆虫たちが集まり，植物の受粉を助け，野菜や果物の実りをよくしてくれます。昆虫が苦手な人は多いかもしれませんが，自然保護の観点からも，昆虫は私たちに欠かせない存在です。

Pourquoi (est-ce que) tu ne prends plus de viande ?
どうしてもうお肉食べないの？

Parce que je n'ai plus faim et pour faire un régime.
もうお腹いっぱいだし，ダイエットするためにね。

《答え》【1】①où　②quoi　③quel　④Comment　⑤quand

【2】①Qu'est-ce que　②Qui est-ce que　③Qui est-ce qui　④Qu'est-ce qui　⑤Qu'est-ce que

【3】①combien　②Pourquoi　③Où　④Quel　⑤comment

① Vous voulez combien de grammes de tomates ?　トマトは，何グラムになさいますか。
—J'en voudrais 300 grammes.　—300グラムください。

② Pourquoi est-ce que tu aimes le rock ?　どうしてロックが好きなの？
—Parce que c'est sympa.　—感じが良いからだよ。

③ Où sont les toilettes ?　お手洗いはどこですか。
—C'est là-bas.　あそこです。

④ Quel est ton sport préféré ?　あなたの好きなスポーツは何ですか。
—C'est le rugby.　—ラグビーです。

⑤ Ça s'écrit comment ?　どんな綴りですか。
—Ça s'écrit A-N-H.　—A-N-Hです。

er 動詞，ir 動詞，近接未来と近接過去

31

1 er 動詞

Vous parlez français ?
あなたはフランス語を話しますか。

—Oui, je parle français.
—はい，私はフランス語を話します。

er 動詞の活用：語尾が変化

lever, **manger**, **appeler**, **commencer**（始める）などは，発音の便宜上語幹が変化します。

067

《**parler** の活用》

je	parle
tu	parles
il/elle/on	parle
nous	parlons
vous	parlez
ils/elles	parlent

《**manger** の活用》

je	mange
tu	manges
il/elle/on	mange
nous	mangeons
vous	mangez
ils/elles	mangent

＊ **nous** の活用で **e** が追加される。

《**lever**（起こす）の活用》

je	lève
tu	lèves
il/elle/on	lève
nous	levons
vous	levez
ils/elles	lèvent

＊アクサン **è** が追加される。

《**appeler**（呼ぶ）の活用》

j'	appelle
tu	appelles
il/elle/on	appelle
nous	appelons
vous	appelez
ils/elles	appellent

＊語幹の子音が重なる。

母音や無音の **h** で始まる動詞は，三人称単数と複数とで発音が異なります。

Il habite à Paris. Ils habitent à Paris.
[z]

不規則な活用をする動詞 aller（行く）

《**aller** の活用》

je vais	nous allons
tu vas	vous allez
il/elle/on va	ils/elles vont

aller は，行き先を表す状況補語を伴います。状況補語（**à** ＋場所など）の反復を避けたいときは，中性代名詞 **y** を動詞の前に置きます。

070

Tu vas au cinéma **avec qui ?**
— Je vais au cinéma avec Mina. / J'y **vais avec Mina.**
× ~~Je vais~~ avec Mina.
映画館に誰と行くの？ —— ミナと行きます。

《国名の前の à（に準ずる）前置詞》

- **au** ＋男性形の
  au **Japon** ／ au **Canada**
- **en** ＋女性形の国名，母音や無音の **h** で始まる国名
  en **France** ／ en **Iran**
- **aux** ＋複数形の国名
  aux **États-Unis** ／ aux **Pays-Bas**　＊ les Pays-Bas オランダ

aller には「行く」の意味のほか，「体調（など）が良い」「似合う」の意味があります。

Comment allez**-vous ?**
— Je vais **bien, merci.**
お元気ですか。 —— はい，元気です。ありがとう。

Le rouge va **bien à Léa.**
レアは赤が良く似合います。

er動詞，ir動詞，近接未来と近接過去

32

Exercices

1 活用表を埋めましょう。主語から書き始めましょう。

	étudier 勉強する	**acheter** 買う （**préférer** 参照）	**jeter** 投げる （**appeler** 参照）
je	例） j'étudie		
tu			
il			
elle			
on			
nous			
vous			
ils			
elles			

2 **(　　　　)** の動詞を活用しましょう。《　　》には国名の前につく前置詞を入れましょう。

① **Tu (parler :　　　　　) bien allemand !**
君はドイツ語を上手に話すね！

② **J' (aimer :　　　　　) regarder la télévision.**
私はテレビを見るのが好きです。

③ **Mina (écouter :　　　　　) de la musique.**
ミナは音楽を聞いています。

④ **Comment (aller :　　　　　) -tu《　　》Italie ?**
イタリアにはどうやって行くの。

⑤ **Nous (aller :　　　　　)《　　》Canada en avion.**
私たちは飛行機でカナダに行きます。

071 **3** 文を聞いて，主語を **il**，**ils**，**elle**，**elles** から選び，表のあてはまるところに ✔ をしましょう。動詞は **aimer**，**étudier**，**habiter** が使われています。

	il	ils	elle	elles
①				
②				
③				
④				
⑤				

達成率
39 %

《答え》【1】

	étudier	acheter	jeter
je	例） j'étudie	j'achète	je jette
tu	tu étudies	tu achètes	tu jettes
il	il étudie	il achète	il jette
elle	elle étudie	elle achète	elle jette
on	on étudie	on achète	on jette
nous	nous étudions	nous achetons	nous jetons
vous	vous étudiez	vous achetez	vous jetez
ils	ils étudient	ils achètent	ils jettent
elles	elles étudient	elles achètent	elles jettent

【2】①parles ②aime ③écoute ④vas, en ⑤allons, au

【3】

	il	ils	elle	elles
①	✔			
②				✔
③		✔		
④			✔	
⑤	✔			

①Il aime chanter.　彼は歌うのが好きです。
②Elles étudient le français.　彼女たちはフランス語を勉強します。
③Ils habitent à Tokyo.　彼らは東京に住んでいます。
④Elle aime danser.　彼女は踊るのが好きです。
⑤Il étudie le chinois.　彼は中国語を勉強しています。

2 ir 動詞

Vous partez quand ?
あなたはいつ出発しますか。

—Je pars demain.
—私は明日出発します。

ir 動詞の活用：語尾が変化

finir 型	partir 型
choisir 選ぶ **remplir** 埋める **ralentir** 速度を落とす	**dormir** 眠る **sortir** 出かける **sentir** 感じる

073

《**finir**（終わる，終える）の活用》

je	**finis**
tu	**finis**
il/elle/on	**finit**
nous	**finissons**
vous	**finissez**
ils/elles	**finissent**

《**partir**（行く）の活用》

je	**pars**
tu	**pars**
il/elle/on	**part**
nous	**partons**
vous	**partez**
ils/elles	**partent**

Je choisis.
私は選びます。

Nous choisissons.
私たちは選びます。

Elles choisissent.
彼女たちは選びます。

Je pars.
私は出発します。

Nous partons.
私たちは出発します。

Ils partent.
彼らは出発します。

不規則な活用をする動詞 venir（来る）

《**venir** の活用》

je viens	nous venons
tu viens	vous venez
il/elle/on vient	ils/elles viennent

Vous venez d'où ?
— Je viens de mon bureau.
どこから来ましたか。
――私は職場から来ました。

Mina vient avec toi ?
— Oui, elle vient avec moi.
ミナは君と一緒に来るの？
――はい，彼女は私と一緒に来ます。

《前置詞 de ＋国名》

- **du** ＋男性形の国名
  du Japon ／ du Canada
- **de** ＋女性形の国名
  de France ／ de Chine　＊ **de la** にならないので注意。
- **d'** ＋母音や無音の h で始まる国名
  d'Espagne ／ d'Iran　＊ **de l'** にならないので注意。
- **des** ＋複数形の国名
  des États-Unis ／ des Pays-Bas

▶8日目 er 動詞，ir 動詞，近接未来と近接過去

34

Exercises

1 活用表を埋めましょう。主語から書き始めましょう。

	choisir	dormir
je	例） je choisis	
tu		
il		
elle		
on		
nous		
vous		
ils		
elles		

2 (　　　) の動詞を活用させましょう。《　》には国名の前につく前置詞を入れましょう。

① Ce soir, Léo (sortir :　　　　) avec des amis.
今夜，レオは友人たちと出かけます。

② Tu (choisir :　　　　) quel plat ?
君はどの料理を選びますか。

③ En automne, on (dormir :　　　　) bien.
秋には，よく眠れます。

④ Vous (venir :　　　　)《　　》Japon ?
あなたは日本から来たのですか。

⑤ Je (venir :　　　　)《　　》France.
私はフランスから来ました。

3 076 文を聞き，(　　　) に聞き取れた動詞を入れましょう。

① Je (　　　　) à 10 heures.

② Il (　　　　) une cravate verte.

③ Tu (　　　　) avec tes parents.

④ Ils (　　　　) en classe.

⑤ Vous (　　　　) vos devoirs.

達成率
41 %

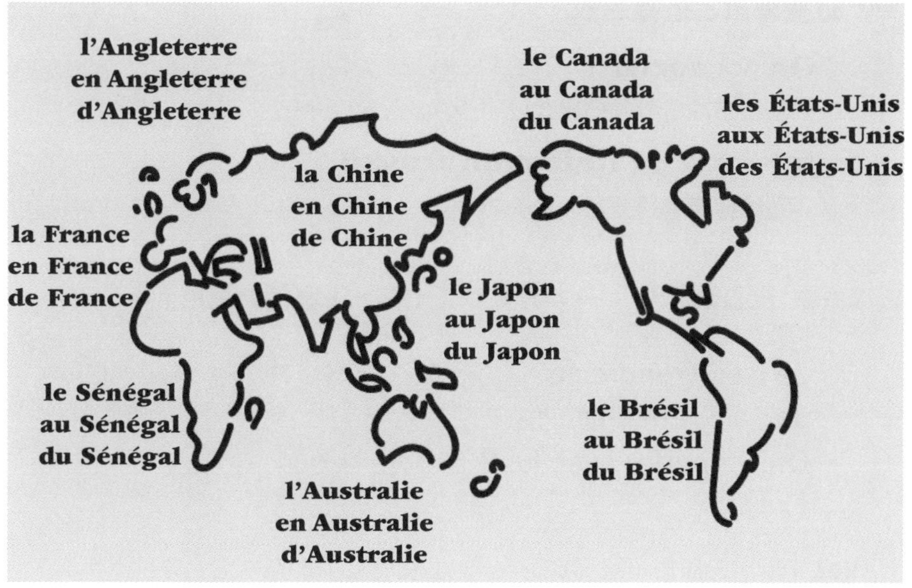

《答え》【1】

	choisir	dormir
je	例） je choisis	je dors
tu	tu choisis	tu dors
il	il choisit	il dort
elle	elle choisit	elle dort
on	on choisit	on dort
nous	nous choisissons	nous dormons
vous	vous choisissez	vous dormez
ils	ils choisissent	ils dorment
elles	elles choisissent	elles dorment

【2】①sort　②choisis　③dort　④venez // du　⑤viens // de

【3】①pars　②choisit　③sors　④dorment　⑤finissez

①Je pars à 10 heures.　私は10時に出発します。
②Il choisit une cravate verte.　彼は1本の緑色のネクタイを選びます。
③Tu sors avec tes parents.　君は両親と一緒に外出します。
④Ils dorment en classe.　彼らは授業中に眠っています。
⑤Vous finissez vos devoirs.　あなたたちは宿題を終わらせます。

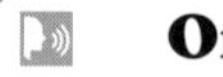

3 近接未来と近接過去

On va sortir ?
私たちはこれから出かけようか。

Je viens de finir mon travail.
私は仕事を終えたところです。

近接未来「(これから) ～する」＝「aller ＋動詞の原形」

Je vais prendre ça. 《レストランでの注文時，買い物などで》これにします。
Je vais réfléchir. 考えてみます。
Qui va parler avec lui ? 誰が彼と話そうか。

aller ＋動詞の原形＋状況補語＝「～しに行く」の意味にもなります。

Je vais acheter des pommes au supermarché.
私はスーパーへリンゴを買いに行きます。
＊「私はこれからスーパーでリンゴを買います」の意味にもなります。

近接未来の否定形＝「ne ＋ aller の活用形＋ pas ＋動詞の原形」

Je ne vais pas sortir avec vous.
あなたとは出かけません。

近接過去「～したところ（ばかり）だ」＝「venir de ＋動詞の原形」

Je viens d'arriver. 到着したところです。
Mina vient de téléphoner à ses parents.
ミナは両親に電話をしたところです。

Allô !
Je viens de finir mon travail.
もしもし。私は仕事が終わったところよ。

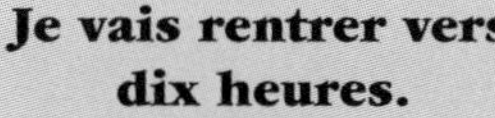

▶ 8 日目　er 動詞，ir 動詞，近接未来と近接過去

Exercices

1 日本語訳を参考にして，(　　　) に **aller** または **venir de** を活用させて入れましょう。
※ **venir de** を選んだら，**de** も一緒に書きましょう。

① **On (　　　　) demander à Léon.**　　レオンに聞いてみよう。

② **Mina (　　　　) voir le professeur.**　　ミナは先生に会ったところです。

③ **Nous (　　　　) faire du shopping.**　　私たちはこれからショッピングをします。

④ **Je (　　　　) parler avec Léna.**　　私はレナと話したところです。

⑤ **Ils (　　　　) chanter cette chanson.**　　彼らはこの歌を歌います。

2 否定形で答えましょう。

① **Tu vas aller à la mer ?**　　君はこれから海へ行くの？
— Non, je (　　　　　　　　　　).

② **Léna va faire la cuisine ?**　　レナはこれから料理をするのですか。
— Non, elle (　　　　　　　　　　).

③ **Les enfants, vous allez jouer au foot ?**　　子どもたち，これからサッカーをするの？
— Non, nous (　　　　　　　　　　).

④ **Les professeurs vont donner des devoirs ?**　　先生たちは，これから宿題を出すのですか。
— Non, ils(　　　　　　　　　　).

⑤ **On va regarder la télé ?**　　これからテレビを見ようか。
— Non, on (　　　　　　　　　　).

079 **3** 文を聞いて，近接未来か近接過去かを聞き分け，表のあてはまるところに ✔ をしましょう。

	近接未来	近接過去
①		
②		
③		
④		
⑤		

街の中の er 動詞

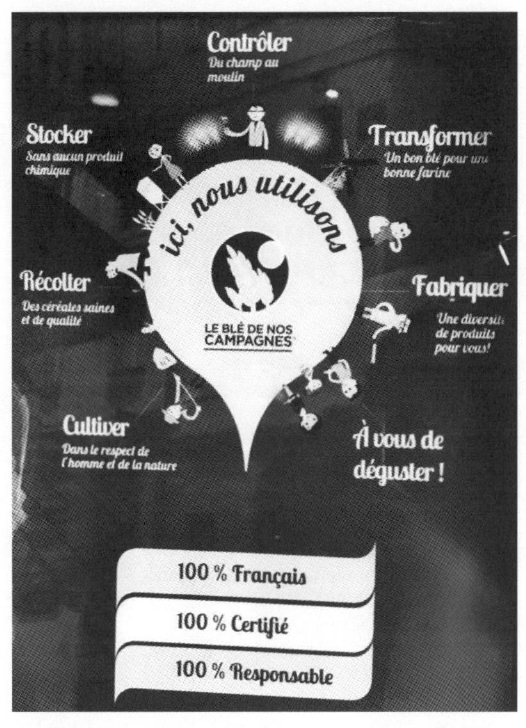

街の至るところにある看板も，意味がわかるとより印象に残ります。例えばこちらのお店の看板は，何の店の看板でしょうか。次のクイズに答えながら，考えてみましょう。

① お店では何が作られていると思いますか（ヒントは blé など）。
② 看板には er 動詞がいくつ使われていますか。
③ 看板で使われている er 動詞を書き出し，その意味を調べてみましょう。
④日本に同じような看板はありますか。どんな共通点・相違点があるか，考えてみましょう。

答え：①パン（ヒントの blé 麦，farine 小麦粉はその原料です）　② 8 個
③ cultiver（栽培する），récolter（収穫する），stocker（保存する），contrôler（管理する），transformer（加工する），fabriquer（製造する），déguster（味わう），utiliser（使用する）

《答え》【1】① va　② vient de　③ allons　④ viens de　⑤ vont

【2】① ne vais pas aller à la mer　② ne va pas faire la cuisine
③ n'allons pas jouer au foot　④ ne vont pas donner de devoirs
⑤ on ne va pas regarder la télé

【3】

	近接未来	近接過去
①	✔	
②		✔
③	✔	
④		✔
⑤	✔	

① Je vais aller au supermarché.　私はこれからスーパーマーケットに行きます。
② Léon vient de finir son travail.　レオンは仕事を終えたところです。
③ Ils ne vont pas sortir ce soir.　彼らは今夜出かけません。
④ Vous venez de téléphoner ?　あなたは電話をかけたところですか。
⑤ On va regarder un film.　私たちはこれから映画を見よう。

37

▶9日目 自己紹介・生まれた日と場所・場所を尋ねる

～役立つ文法 TOP3：être・avoir・er 動詞～

1 自己紹介

Je suis japonaise.
私は日本人《女性》です。

Je parle japonais et français.
私は日本語とフランス語を話します。

J'aime jouer du piano.
私はピアノを弾くのが好きです。

おさえておきたい表現

081

□ 私の名前は～です。	Je m'appelle ….
□ あなたのお名前は何ですか。	Vous vous appelez comment ?
□ 私は日本人です。 私は日本人ではありません。	Je suis japonais(e). Je ne suis pas japonais(e).
□ 私は学生／会社員です。	Je suis étudiant(e) / employé(e).
□ 私は 20 歳です。	J'ai vingt ans.
□ 私は東京に住んでいます。	J'habite à Tokyo.
□ 私はフランス語を少し話します。	Je parle un peu français.
□ 私は歌うことが好きです。	J'aime chanter.

aimer ＋動詞の原形：「～することが好きだ」

J'aime … 私は…

regarder la télé.	テレビを見るのが	好きです。
travailler.	仕事をするのが	
étudier.	勉強をするのが	
jouer du piano.	ピアノを弾くのが	
faire du sport.	スポーツをするのが	
faire la cuisine.	料理をするのが	
aller sur Internet.	インターネットを見るのが	

●自己紹介で役立つ語彙●

082

▶国籍と国名

	国籍	国名		国籍	国名
日本	japonais(e)	le Japon	スペイン	espagnol(e)	l'Espagne㊛
フランス	français(e)	la France	アメリカ	américain(e)	les États-Unis㊚
中国	chinois(e)	la Chine	韓国	coréen(ne)	la Corée
イギリス	anglais(e)	l'Angleterre㊛	カナダ	canadien(ne)	le Canada

▶色々な職業

- □ employé(e)　会社員・従業員
- □ étudiant(e)　学生
- □ lycéen(ne)　高校生
- □ musicien(ne)　音楽家
- □ artiste　芸術家
- □ chanteur　男性歌手
chanteuse　女性歌手
- □ acteur　男優
actrice　女優
- □ ingénieur *　エンジニア
- □ docteur *　医者
- □ professeur *　教師
- □ journaliste　ジャーナリスト
- □ architecte　建築家
- □ pâtissier　パティシエ
pâtissière　パティシエール
- □ homme au foyer　専業主夫
femme au foyer　専業主婦

＊ **ingénieur, docteur, professeur**：現在では，**e** をつけた女性形も使われることがあります。

▶色々なスポーツ

- □ le foot(ball)　サッカー
- □ le rugby　ラグビー
- □ le badminton　バドミントン
- □ la natation　水泳
- □ le patinage　スケート
- □ le baseball　野球
- □ le basket　バスケ
- □ le tennis　テニス
- □ l'équitation　乗馬
- □ le football américain　アメフト

▶色々な楽器

- □ le piano　ピアノ
- □ la flûte　フルート
- □ le violoncelle　チェロ
- □ la guitare　ギター
- □ le violon　バイオリン

▶9日目 自己紹介・生まれた日と場所・場所を尋ねる

38

～役立つ文法 TOP3：être・avoir・er 動詞～

2 生まれた日と場所

 **Vous êtes né quand ?**
あなたはいつ生まれましたか。

—Je suis né le 8 juin.
—私は 6 月 8 日に生まれました。

Je suis né(e) =「私は生まれた」

Léon est né le 1er avril. Léna est née le 30 juillet.
レオンは 4 月 1 日に生まれました。レナは 7 月 30 日に生まれました。

＊ **né(e)** は，動詞 **naître**（生まれる）の過去分詞。主語の性別に合わせて変化する。

quand =「いつ？」⇦「日付・時間表現」で答える

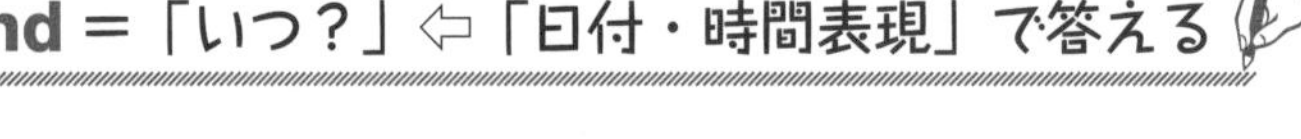

C'est quand ? — C'est aujourd'hui.
それはいつですか。—今日です。

où =「どこで？」⇦「場所を表す前置詞＋場所」で答える

C'est où ? — C'est à Akita.
それはどこですか。—秋田です。

相手の誕生日を尋ねたいとき，**Votre anniversaire, c'est quand ?**「あなたの誕生日はいつですか」(親しい相手には **Ton anniversaire, c'est quand ?**) ということもできます。答えるときは，**Mon anniversaire, c'est le 17 avril.** または，**C'est le 17 avril.** といいます。

085 3 場所を尋ねる

Où est le musée Picasso, s'il vous plaît ?
ピカソ美術館はどこですか。

おさえておきたい表現

086

□ ～へはどう行きますか。	(Pour aller à) …, s'il vous plaît.
□ ～へ行きたいです。	Je voudrais aller à ….
□ ～はどこですか。	Où est … ? Où sont … ?
□《地図を見せながら》地図のどこにありますか。	C'est où sur la carte s'il vous plaît ?
□ まっすぐ行ってください。	Vous allez tout droit.
□ 左折／右折してください。	Vous tournez à gauche / droite.

Où est … ? を使うか **Où sont … ?** を使うかは，後ろに続く名詞の「数」によって使い分けます。後ろに続く語には，**定冠詞**または**特定**を表す限定詞（所有形容詞など）をつけます。

Où est le **musée ?** 美術館はどこですか。 定冠詞・単数
Où sont les **musées ?** 美術館（複数）はどこですか。 定冠詞・複数
Où est mon **portable ?** 私の携帯はどこですか。 所有形容詞
Où sont vos **parents ?** あなた（たち）の両親はどこですか。 所有形容詞

旅先で使えるさまざまな質問

□ 何時に。	À quelle heure ?
□ どのくらいの〜。	Combien de … ?
□ 何グラム（キロ／リットル）の〜	Combien de grammes (kilos/litres) de …
□ どのくらいの時間ですか。	Combien de temps ?
□ これはいくらですか。	C'est combien ? Ça coûte combien ?
□ 全部でおいくらですか。	Ça fait combien (en tout) ?
□ どういう意味ですか。	Qu'est-ce que ça veut dire ?
□ 〜はフランス語で何といいますか。	Comment dit-on … en français ?
□ どのようなスペルで書かれますか。	Ça s'écrit comment ?

自己紹介・生まれた日と場所・場所を尋ねる

～役立つ文法 TOP3：être・avoir・er 動詞～

Exercices

1 次の質問に，あなた自身について答えましょう。

① **Vous vous appelez comment ?**

② **Est-ce que vous êtes japonais(e) ?**

③ **Est-ce que vous êtes étudiant(e) ?**

④ **Vous avez quel âge ?**

⑤ **Où est-ce que vous habitez ?**

⑥ **Quelle(s) langue(s) parlez-vous ?**

⑦ **Vous préférez la musique classique ou la musique pop ?**

⑧ **Qu'est-ce que vous aimez faire ?**

⑨ **Vous êtes né(e) quand ?**

⑩ **Vous êtes né(e) où ?**

087 **2** それぞれの人物の自己紹介を聞いて，名前・国籍・職業を聞き取り，フランス語で書きましょう。

	名前	国籍	職業
①			
②			

088 **3** 会話を聞いて，(　　　) に入る語を書き取りましょう。

— Excusez-moi, monsieur. (　　　) (　　　) (　　　) une pharmacie (　　　) (　　　) ici ?

— Oui, vous (　　　) tout droit, et vous (　　　) à la deuxième rue (　　　) (　　　). C'est (　　　) (　　　) (　　　) restaurant « Chez Albert ».

— Merci, monsieur.

— Je vous en prie. Vous (　　　) bien français !

— Merci. J'(　　　) le français depuis (　　　) ans.

1回目	2回目	3回目	達成率
年　月　日	年　月　日	年　月　日	47 %

パリの地下鉄（le métro）の出口案内。

ブザンソンの街中の標識。

パリの街中の標識。

《答え》【1】① Je m'appelle ….
② Oui, je suis japonais(e). / Non, je ne suis pas japonais(e), je suis ….
③ Oui, je suis étudiant(e). / Non, je ne suis pas étudiant(e), je suis ….
④ J'ai … ans.
⑤ J'habite à ….
⑥ Je parle français (et anglais). など
⑦ Je préfère la musique classique / pop.
⑧ J'aime aller sur Internet. など
⑨ Je suis né(e) le ….
⑩ Je suis né(e) à ….

【2】

	名前	国籍	職業
①	Jim	américain	pâtissier
②	Tam	chinoise	lycéenne

① Bonjour, je m'appelle Jim. J-I-M. Je suis américain. Je suis pâtissier. Enchanté.
こんにちは，私の名前はジムです。J-I-M. 私はアメリカ人です。私はパティシエです。はじめまして。
② Enchantée. Je m'appelle Tam. T-A-M. Je suis lycéenne. Je suis chinoise.
はじめまして。私の名前はタムです。T-A-M. 私は高校生です。私は中国人です。

【3】 Il y a, près d' // allez, tournez, à gauche, à côté du // parlez // étudie, cinq

—Excusez-moi, monsieur. Il y a une pharmacie près d'ici ?
—Oui, vous allez tout droit, et vous tournez à la deuxième rue à gauche. C'est à côté du restaurant « Chez Albert ».
—Merci, monsieur.
—Je vous en prie. Vous parlez bien français !
—Merci. J'étudie le français depuis cinq ans.
—《男性に》すみません。近くに薬局はありますか。
—はい，まっすぐ進み，２番目の道を左に曲がってください。「Chez Albert」というレストランの隣です。
—ありがとうございます。
—どういたしまして。あなたはフランス語が上手ですね！
—ありがとうございます。私は５年前からフランス語を勉強しています。

▶10日目 第2週（6日目～8日目）のまとめ問題

41

6日目 avoirを使った文

1 (　　　)に入る表現を，下から1つずつ選び，活用させて書きましょう。

① Il est midi. On (　　　　).
正午です。お腹が空いています。

② Il est minuit. Nous (　　　　).
深夜です。私たちは眠いです。

③ Vous êtes malade ! Vous (　　　　)?
あなたは病気なんですか！ 寒いですか。

④ De l'eau, s'il te plaît. Les enfants (　　　　).
お水ちょうだい。子どもたちは喉が渇いています。

⑤ Aïe ! J'(　　　　) à la tête !
痛っ！ 私は頭が痛いです。

avoir faim	avoir soif	avoir mal	avoir sommeil	avoir froid

2 フランス語に訳しましょう。

① 箱の中に辞書があります。

② ベッドの下に何匹かの猫がいます。（ベッド lit㊚，猫 chat㊚）

③ 家と郵便局の間にスーパーマーケットがあります。

④ 高校の近くに美術館があります。（高校 lycée㊚）

⑤ 車の後ろに植木が1つあります。

3［　　　］の単語を用いて（指示があれば従い），フランス語で答えましょう。

① Il y a un café près de la gare ?［oui］

② Léon est acteur ?［non ／ étudiant］

③ Alain Delon, c'est un acteur français ?［oui］

④ Jim est chinois ?［non ／ américain］

⑤ Il y a des restaurants dans la rue ?［non ／否定形で］

達成率
48 %

7日目 文の組み立て

1 次の文について，どのような質問が考えられますか。**Est-ce que** から始まる疑問文と，倒置疑問文を作りましょう。

① **Oui, je suis étudiante.** はい，私は学生です。

② **Non, on est français.** いいえ，私たちはフランス人です。

③ **Oui, j'ai chaud.** はい，私は暑いです。

④ **Non, il a 19 ans.** いいえ，彼は19歳です。

⑤ **Oui, on a faim.** はい，私たちはお腹が空いています。

089

2 質問文を聞いて，それに対応する答えを下から選び，記号を書きましょう。

①______ ②______ ③______ ④______

ア **Si, j'ai chaud.**	イ **Non, j'ai froid.**
ウ **Oui, j'ai froid.**	エ **Si, j'ai froid.**

3 下線部について尋ねる疑問詞を（　　　）に書きましょう。

① **Léna est née (　　　　) ?**
— Elle est née à Paris.

② **Ton anniversaire, c'est (　　　　) ?**
— C'est le 22 octobre.

③ **(　　　　) est-ce que Noé étudie l'anglais ?**
— Pour travailler à New York.

④ **C'est (　　　　) ?**
— C'est 36 euros. Ce n'est pas cher.

⑤ **Vous travaillez avec (　　　　) ?**
— Je travaille avec Mina.

42

8日目 er動詞，ir動詞，近接未来と近接過去

1 (　　)の動詞を活用させましょう。《　　》には国名の前につく前置詞を入れましょう。

① Mes parents (jouer :　　　　) du piano.
私の両親はピアノを弾きます。

② Nous (manger :　　　　) chez nous.
私たちは自宅で食べます。

③ Mina (aller :　　　　)《　　》Australie quand ?
ミナはいつオーストラリアに行きますか。

④ Vous (aller :　　　　) où《　　》Japon ?
あなた（たち）は日本のどこへ行くのですか。

⑤ Nous (aller :　　　　)《　　》États-Unis pendant les vacances.
私たちは休暇中，アメリカへ行きます。

⑥ Vous (ralentir :　　　　) un peu, il y a des travaux.
少し速度を落としてください。工事をしています。

⑦ Tu (sentir :　　　　) l'ail.
君，にんにくの臭いがするよ。

⑧ Tu (venir :　　　　)《　　》États-Unis ?
君はアメリカから来たの？

⑨ Mes parents (venir :　　　　)《　　》Afrique du Nord.
私の両親は北アフリカ出身です。

⑩ Nous (venir :　　　　)《　　》Portugal.
私たちはポルトガルから来ました。

2 近接未来または近接過去を用いてフランス語にしましょう。

① Léon と Léna は出かけたところです。［出かける sortir］
② 君は来年フランスへ旅行するの？［来年 l'année prochaine ／旅行する voyager］
③ 私たちは，到着したところです。［到着する arriver］
④ 私はこれから山へ行きます。［山 la montagne］
⑤ 彼らはこれからラグビーをします。［ラグビーをする jouer au rugby］

090 **3** 会話を聞いて，内容に合っていれば○，合っていなければ×の欄に✔をしましょう。

	○	×
① 今日は5月24日だ。		
② 今日はレナの誕生日だ。		
③ ミナはレナに花を用意した。		
④ レナはケーキが好きだ。		
⑤ ミナは10月14日生まれだ。		

達成率
49 %

《答え》

6日目

【1】①a faim ②avons sommeil ③avez froid ④ont soif ⑤ai mal

＊⑤avoir mal の後ろに「à ＋体の一部（定冠詞を付ける）」を続けることで，「～が痛い」ということができます。
例：J'ai mal à la jambe. 私は脚が痛いです。J'ai mal au ventre. 私はお腹が痛いです。

【2】①Il y a un dictionnaire dans la boîte.
②Il y a des chats sous le lit.
③Il y a un supermarché entre la maison et la poste.
④Il y a un musée près du lycée.
⑤Il y a une plante derrière la voiture.

【3】①Oui, il y a un café près de la gare.
②Non, (il n'est pas acteur,) il est étudiant.
③Oui, c'est un acteur français.
④Non, (il n'est pas chinois,) il est américain.
⑤Non, il n'y a pas de restaurants dans la rue.

7日目

【1】①Est-ce que vous êtes étudiante ? Êtes-vous étudiante ? / Est-ce que tu es étudiante ? Es-tu étudiante ?
②Est-ce que vous êtes anglais ? Êtes-vous anglais ? など
③Est-ce que vous avez chaud ? Avez-vous chaud ? / Est-ce que tu as chaud ? As-tu chaud ?
④Est-ce qu'il a 20 ans ? A-t-il 20 ans ? など
⑤Est-ce que vous avez faim ? Avez-vous faim ?

【2】①エ ②ウ ③イ ④ア

①Tu n'as pas froid ? 寒くないですか。
②Tu as froid ? 寒いですか。
③Tu as chaud ? 暑いですか。
④Tu n'as pas chaud ? 暑くないですか。

【3】①où ②quand ③Pourquoi ④combien ⑤qui

①レナはどこで生まれましたか。—彼女はパリで生まれました。
②君の誕生日はいつですか。10 月 22 日です。
③ノエはなぜ英語を勉強しているのですか。—ニューヨークで働くためです。
④いくらですか。—36 ユーロです。高くありません。
⑤あなたは誰と一緒に働いていますか。—私はミナと一緒に働いています。

▶10日目 第2週（6日目～8日目）のまとめ問題

8日目

【1】①jouent ②mangeons ③va, en ④allez, au ⑤allons, aux ⑥ralentissez ⑦sens ⑧viens, des ⑨viennent, d' ⑩venons, du

【2】①Léon et Léna viennent de sortir. ②Tu vas voyager en France l'année prochaine ?
③Nous venons d'arriver. / On vient d'arriver. ④Je vais aller à la montagne.
⑤Ils vont jouer au rugby.

【3】

	○	×
①		✔
②	✔	
③		✔
④	✔	
⑤		✔

— Bonjour Jim. C'est le combien, aujourd'hui ? こんにちは，ジム．今日は何日？
— C'est le 24 mars. Pourquoi ? 3月24日だよ。なんで？
— C'est l'anniversaire de Léna ! レナの誕生日だ！
— Ah bon ! Tu as un cadeau pour elle ? そうなんだ！彼女へのプレゼントはある？
— Non. Qu'est-ce qu'elle aime ? いいえ。彼女は何が好きなの？
— Elle aime les fleurs et les gâteaux. Et toi, Mina, tu es née quand ?
彼女は花とお菓子が好きなんだ。ミナ，君はいつ生まれたの？
— Je suis née le 15 octobre. Et toi ? 私は10月15日生まれよ。あなたは？
— Moi, je suis né le 1er janvier. Je suis né le jour du Nouvel An.
僕は1月1日生まれだよ。お正月生まれなんだ。

フランス人と旅行

フランス本土はその形から，**l'Hexagone**（六角形）とも呼ばれます。6辺のうちの3辺は海（英仏海峡 **la Manche**，大西洋 **l'Atlantique**，地中海 **la Méditerranée**）に面し，3辺は国境（ベルギー，ドイツ，スイス，イタリア，スペインなど）と隣接しています。各文化圏は，それぞれが個性的で特色豊か。そのためわざわざ海外に出なくても，日常とかけ離れた環境に出会うことができます。フランス人が国内旅行を好むのも納得！

（Pixabayより）

スイス国境近くのポンタルリエ（Pontarlier）。

スペイン国境近くのシブール（Ciboure）。

イタリア国境近くのエズ（Èze）。

ドイツ国境近くのストラスブール（Strasbourg）とコルマール（Colmar）。

43

▶11 日目 re 動詞と oir 動詞，代名動詞

1 re 動詞と oir 動詞

Vous prenez un dessert ?
デザートはいかがですか。

—Oui, je prends une mousse au chocolat.
—はい，チョコレートムースをください。

092

	prendre とる	attendre 待つ	mettre 置く	connaître 知る
je (j')	prends	attends	mets	connais
tu	prends	attends	mets	connais
il/elle/on	prend	attend	met	connaît
nous	prenons	attendons	mettons	connaissons
vous	prenez	attendez	mettez	connaissez
ils/elles	prennent	attendent	mettent	connaissent
動詞の例 ▸	comprendre 理解する apprendre 学ぶ	répondre 返事する vendre 売る	permettre 許す transmettre 伝達する	disparaître 消える paraître ～に見える

	voir 見る	recevoir 受け取る	savoir 知る	boire 飲む
je (j')	vois	reçois	sais	bois
tu	vois	reçois	sais	bois
il/elle/on	voit	reçoit	sait	boit
nous	voyons	recevons	savons	buvons
vous	voyez	recevez	savez	buvez
ils/elles	voient	reçoivent	savent	boivent
動詞の例 ▸	revoir 再び見る	apercevoir 気づく	-	-

	écrire 書く	**lire** 読む	**dire** 言う	**faire** する・作る
je (j')	écris	lis	dis	fais
tu	écris	lis	dis	fais
il/elle/on	écrit	lit	dit	fait
nous	écrivons	lisons	disons	faisons
vous	écrivez	lisez	dites	faites
ils/elles	écrivent	lisent	disent	font
動詞の例 ▸	inscrire 記入する	élire 選出する	-	-

＊ **ils / elles** の活用語尾が **-ont** となる動詞は **être**, **avoir**, **aller**, **faire** のみ。

093

▶ connaître ＋名詞

Je connais votre adresse. あなたの住所を知っています。

▶ savoir ＋名詞以外

Je sais où vous habitez. あなたがどこに住んでいるか知っています。

＊ **savoir** の後ろに続く事柄は，中性代名詞 **le**（そのことを）に置き換えることができます。
Tu sais où il habite ? — Oui, je le sais. 君は，彼がどこに住んでいるか知ってる？ —— うん，知っているよ。

▶ faire（する）＋部分冠詞＋個人競技・楽器

Je fais du jogging et de la guitare. 私はジョギングとギターをします。

一歩先へ

団体球技・ゲーム・楽器演奏については，動詞 **jouer**（英語の **play** に相当）も用いられます。

Je joue du piano et de la guitare.
私はピアノとギターを演奏します。 jouer de ＋楽器

Je joue au foot et aux échecs.
私はサッカーとチェスをします。 jouer à ＋団体球技・ゲーム

re 動詞と oir 動詞，代名動詞

Exercices

1 (　　　) の動詞を活用させましょう。

① Je (répondre :　　) à ma grand-mère.　私は祖母に返事をします。

② Il (savoir :　　) que je viens.　彼は私が来ることを知っています。

③ Tu (faire :　　) du sport ?　君はスポーツをしますか。

④ Nous (lire :　　) un livre de grammaire.　私たちは文法の本を読んでいます。

⑤ Mes amis (dire :　　) que j'ai raison.　私の友人たちは，私が正しいといいます。

2 (　　　) に入る語を savoir, connaître, faire, jouer から選んで，活用させましょう。

① Tu (　　　) cette chanson ?　君はこの歌を知っていますか。

② Vous (　　　) pourquoi ?　あなたはなぜだか知っていますか。

③ Noé (　　　) au rugby.　ノエはラグビーをします。

④ Je (　　　) de l'équitation.　私は乗馬をします。

⑤ Ils (　　　) de la flûte.　彼らはフルートを演奏します。

094 **3** 文を聞いて，主語を複数形にし，複数形にした主語とその活用形を (　　　) に入れましょう。

① (　　　) (　　　) du foot.

② (　　　) (　　　) une douche.

③ (　　　) (　　　) bonjour.

④ (　　　) (　　　) où je travaille.

⑤ (　　　) (　　　) mon professeur.

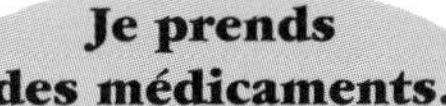

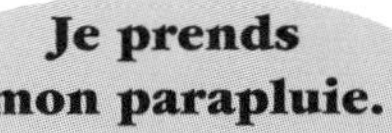

Il prend des médicaments.
彼は薬を飲んでいます。

Il prend son parapluie.
彼は傘を持って行きます。

Elle prend une photo.
彼女は写真を撮っています。

Il prend sa douche.
彼はシャワーを浴びています。

《答え》【1】① réponds　② sait　③ fais　④ lisons　⑤ disent

【2】① connais　② savez　③ joue　④ fais　⑤ font / jouent

【3】① Ils font　② Nous prenons / On prend　③ Vous dites　④ Elles savent　⑤ Ils voient

① Il fait du foot.　彼はサッカーをします。
② Je prends une douche.　私はシャワーを浴びます。
③ Tu dis bonjour.　君はこんにちはといいます。
④ Elle sait où je travaille.　彼女は私がどこで働いているか知っています。
⑤ Il voit mon professeur.　彼は私の先生に会います（彼には私の先生が見えます）。

2 vouloir，pouvoir，devoir

Léna veut aller au cinéma, mais elle ne peut pas sortir parce qu'elle doit étudier.
レナは映画館に行きたいのですが，出かけられません。
勉強しなければならないからです。

vouloir ＋動詞の原形：「〜したい」

pouvoir ＋動詞の原形：「〜できる」

devoir ＋動詞の原形：「〜しなければならない」

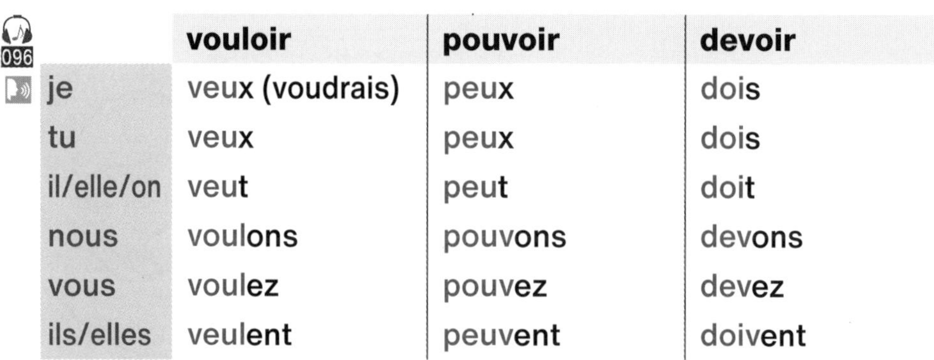

	vouloir	pouvoir	devoir
je	veux (voudrais)	peux	dois
tu	veux	peux	dois
il/elle/on	veut	peut	doit
nous	voulons	pouvons	devons
vous	voulez	pouvez	devez
ils/elles	veulent	peuvent	doivent

否定形は，活用形を **ne** と **pas** などの否定表現ではさみ，その後ろに動詞の原形を続けます。

Je ne peux pas sortir.　私は出かけられません。

vouloir を使って自分の願望を伝えるとき，**条件法**を用いて丁寧に伝えるのが一般的です。

Je voudrais travailler à l'étranger.　私は海外で働きたいです。

pouvoir は，依頼したり，許可を求めたりするときにも用います。

▶二人称で

Vous pouvez **... ?** / **Tu** peux **... ?**　～してくれますか。

▶二人称以外で

Je peux **... ?** / **Il** peut **... ?**　～してもいいですか。

条件法や倒置形を用いると，より丁寧になります。

Je pourrais **revenir demain ?**
明日また来てもよろしいでしょうか。

Pouvez-vous **venir m'aider ?**
手を貸してもらえますか。

pouvoir の否定形は，禁止の意味にもなります。

Tu ne peux pas **faire ça.**　それをしてはいけないよ。

devoir の否定形も同様に，禁止の意味になります。

Elle ne doit pas **étudier.**　彼女は勉強してはいけません。

「～しなくてもいいです」と言いたいときは，**devoir** の否定形ではなく，**avoir besoin de** の否定形を用います。

Elle n'a pas besoin d'**étudier.**
彼女は勉強する必要がありません。

▶11日目 re 動詞と oir 動詞，代名動詞

Exercices

1 (　　　) の動詞を活用させましょう。

① On (pouvoir :　　) prendre une photo ?
写真を撮ってもいいですか。

② Je (devoir :　　) acheter mon déjeuner.
私はお昼ご飯を買わなければなりません。

③ Tu (vouloir :　　) voir un film ?
君は映画を観たいですか。

④ Mina et Léon (devoir :　　) préparer le test.
ミナとレオンはテストの準備をしなければなりません。

⑤ Mes parents (vouloir :　　) voyager en Europe.
私の両親はヨーロッパに旅行したいです。

2 (　　　) に入る語を **vouloir**，**pouvoir**，**devoir** から選んで活用させましょう。

① Je (　　　) aller à l'hôpital, mais je ne (　　　) pas.
私は病院に行かねばなりません。でもそうしたくありません。

② Tu (　　　) aider ma mère ?
私の母の手伝いをしてくれる？

③ Il (　　　) habiter en France. C'est son rêve.
彼はフランスに住みたいです。それは彼の夢です。

④ Nous (　　　) finir le travail avant cinq heures. C'est obligatoire.
私たちは5時までに仕事を終えねばなりません。義務ですから。

⑤ Vous (　　　) prendre un gâteau ?
ケーキはいかがですか。

098 **3** 文を聞き，**vouloir**，**pouvoir**，**devoir** を聞き取って，表のあてはまるところに ✔ をしましょう。

	vouloir	pouvoir	devoir
①			
②			
③			
④			
⑤			

《答え》【1】① peut　② dois　③ veux　④ doivent　⑤ veulent

【2】① dois, veux　② peux　③ veut / voudrait　④ devons　⑤ voulez

【3】

	vouloir	pouvoir	devoir
①		✔	
②			✔
③		✔	
④	✔		
⑤			✔

① Est-ce qu'ils peuvent venir demain ?　彼らは明日来られますか。
② Vous devez écouter la radio ce soir.　今夜あなたはラジオを聞かなければなりません。
③ Nous pouvons parler avec lui.　私たちは彼と話せます。
④ Elles veulent faire du shopping.　彼女たちはショッピングがしたいです。
⑤ Ils doivent voir le professeur.　彼らは先生に会わなければなりません。

47

3 代名動詞

Vous vous connaissez, Léna et Léon ?
レナとレオン，あなたたちは知り合いですか。

—Oui, nous nous connaissons.
—はい，知り合いです。

100

主語	代名詞	s'appeler 肯定形	s'appeler 否定形
je	me (m')	je m'appelle	je ne m'appelle pas
tu	te (t')	tu t'appelles	tu ne t'appelles pas
il/elle/on	se (s')	il/elle/on s'appelle	il/elle/on ne s'appelle pas
nous	nous	nous nous appelons	nous ne nous appelons pas
vous	vous	vous vous appelez	vous ne vous appelez pas
ils/elles	se (s')	ils/elles s'appellent	ils/elles ne s'appellent pas

否定形は，代名動詞全体を **ne** と **pas** などの否定表現で挟みます。

代名動詞の用法

▶1 再帰的用法：動作が動作主自身に及ぶ。

101

Je lave mon chat et je me lave.

私は猫の体を洗ってから，（自分で）自分の体を洗います。

動作が**体の一部**に及ぶとき，体の一部には**定冠詞**を用います。

＊代名詞＝**間接目的語**の役割。

Je me lave la figure et je me brosse les cheveux.

私は（自分で）自分の顔を洗い（自分で）自分の髪をとかします。

▶2 相互的用法：動作が相互に及ぶ。 ＊主語は常に複数形。

On se voit demain.

私たちは（互いに）明日会います。

se connaître や **se voir** などの代名詞の部分は**直接目的語**（**connaître** ＋人，**voir** ＋人）の役割を果たし，**se téléphoner, s'écrire** などの代名詞の部分は，**間接目的語**（**téléphoner à** ＋人，**écrire à** ＋人）の役割を果たします。

▶3 受動的用法 ＊主語は常に「もの」。

Ses disques se vendent bien.

彼（女）のディスクはよく売れています。

▶4 本質的用法：代名動詞の形のもとで意味をなす。

- **se souvenir**（**de**）～を思い出す
- **se tromper**（**de**）～を誤る
- **se moquer**（**de**）～をあざける
- **s'occuper**（**de**）～の世話をする

Je me trompe souvent de numéro de téléphone quand je téléphone à l'étranger.

私は海外に電話をかけるとき，電話番号をよく間違えます。

▶11 日目 re 動詞と oir 動詞，代名動詞

Exercices

1 (　　　)の代名動詞を活用させましょう。

① **Je (se laver :　　　) les cheveux le matin.**
私は朝，髪を洗います。

② **Tu (s'occuper :　　　) de tes enfants ?**
君は，お子さんたちの世話をしているの？

③ **On (s'appeler :　　　) plus tard.**
後で電話し合いましょう。

④ **Nous (se rappeler :　　　) notre voyage en France.**
私たちは，フランス旅行を思い出します。

⑤ **Mina et Léa (s'intéresser :　　　) à la mode.**
ミナとレアはファッションに興味があります。

2 (　　　)に入る動詞を，《　　》の中の動詞から選んで活用させましょう。

① **Léna (　　　), et après, elle (　　　) sa voiture.《laver，se laver》**
レナは自分の体を洗ってから彼女の車を洗います。

② **Ils (　　　) leurs enfants, et après, ils (　　　).《coucher，se coucher》**
彼らは子どもたちを寝かせてから寝ます。

③ **Léon (　　　) encore Mina ? — Oui, ils (　　　) tous les soirs !**
《appeler，s'appeler》
レオンはまたミナに電話しているの？
—はい，彼らは毎晩電話をかけ合っている！

④ **Tu (　　　) le matin, et le soir, tu (　　　) mon chien.**
《promener，se promener》
君は朝散歩をし，夜私の犬を散歩させます。

⑤ **Les chansons françaises (　　　) Mina. Elle (　　　) aux chansons françaises.**
《intéresser，s'intéresser》
フランスの歌は，ミナの興味を引きます。
彼女はフランスの歌に興味を持っています。

3 フランス語で答えましょう。

① **Vous vous levez à quelle heure le matin ?**

② **Vous vous couchez à quelle heure le soir ?**

③ **Vous vous intéressez à la mode ?**

④ **Vous vous promenez tous les jours ?**

⑤ **Vous et vos amis vous appelez souvent ?**（**souvent** 頻繁に）

1回目	2回目	3回目	達成率
年　月　日	年　月　日	年　月　日	56 %

フランス人とスポーツ

フランス人はスポーツが好き。ウォーキング（**la marche**）やジョギング（**le jogging**）をする人，広場や公園ではペタンク（**la pétanque**）をするシニア男性たちも見かけます。
最も人気のあるスポーツはサッカー（**le foot**）。大会の時期になると，お店などにスクリーンが設置されるので，友人たちと一緒に観戦を楽しみます。サッカー観戦と称してホームパーティー（**la soirée foot**）を開くことも。
次いで，テニス（**le tennis**），バスケット（**le basket**），スキー（**le ski**），柔道（**le judo**）もポピュラーです。反対に，人気のないスポーツは野球（**le baseball**）。テレビでも見かけません。
議論が大好きなフランス人。いつもは穏やかな人も，試合の話になるとつい熱が入る…なんてことも？！

リール（Lille）にある Stade Pierre-Mauroy（Pixabay より）。

アルプスのスキーリゾート（Pixabay より）。

《答え》【1】①me lave　②t'occupes　③s'appelle　④nous rappelons　⑤s'intéressent

【2】①se lave，lave　②couchent，se couchent　③appelle，s'appellent
④te promènes，promènes　⑤intéressent，s'intéresse

【3】①（あなたは朝何時に起きますか。）解答例 Je me lève à sept heures.
②（あなたは夜何時に寝ますか。）解答例 Je me couche à onze heures.
③（あなたはファッションに興味がありますか。）
Oui, je m'intéresse à la mode. / Non, je ne m'intéresse pas à la mode.
④（あなたは毎日散歩をしますか。）
Oui, je me promène tous les jours. / Non, je ne me promène pas tous les jours. /
Non, je ne me promène jamais.
⑤（あなたは友人たちとよく電話をかけ合いますか。）
Oui, nous nous appelons souvent. / Non, nous ne nous appelons pas souvent. /
Non, nous ne nous appelons jamais.
または Oui, on s'appelle souvent. / Non, on ne s'appelle pas souvent. /
Non, on ne s'appelle jamais.

48

102

1 形容詞

Mon portable est petit, ma valise est petite, et mes clés sont petites.

私の携帯は小さく，スーツケースも小さく，鍵も小さいです。

男性形に e をつけると女性形，単数形に s をつけると複数形，

形容詞の位置は名詞の後ろ，c'est の後ろの形容詞は男性形

●そのほかの女性形の作り方●

103

男性名詞		女性名詞	
-e	⇨	そのまま	jeune ⇨ jeune 若い rapide ⇨ rapide 速い
-f	⇨	-ve	sportif ⇨ sportive スポーツ好きの
-s/n/l	⇨	子音を重ねて e を付ける	gros ⇨ grosse 太った italien ⇨ italienne イタリアの naturel ⇨ naturelle 自然の
-er	⇨	-ère	premier ⇨ première 最初の
-eau	⇨	-elle	beau ⇨ belle 美しい
-eux	⇨	-euse	sérieux ⇨ sérieuse 真面目な

●特別な変化をするもの●

- □blanc ⇨ blanche 白い
- □sec ⇨ sèche 乾いた
- □public ⇨ publique 公の
- □vieux ⇨ vieille 古い
- □franc ⇨ franche 率直な
- □frais ⇨ fraîche 新鮮な
- □grec ⇨ grecque ギリシャの
- □long ⇨ longue 長い

●そのほかの複数形の作り方●

語尾が **s** や **x** の場合は単数・複数同形です。

104 **un garçon sérieux ⇨ des garçons sérieux** 真面目な少年

eau の語尾には **x** を付け，**al** は **aux** に変化させます。

Il est beau. ⇨ Ils sont beaux.
彼（それ）は美しいです。彼ら（それら）は美しいです。
un train local ⇨ des train locaux　各駅列車

次の形容詞は**名詞の前**に置きます。

- □**bon(ne)** よい
- □**mauvais(e)** 悪い
- □**grand(e)** 大きい
- □**petit(e)** 小さい
- □**gros(se)** 太い
- □**joli(e)** 綺麗な
- □**beau(*bel*)/belle** 美しい
- □**nouveau(*nouvel*)/nouvelle** 新しい
- □**vieux(*vieil*)/vieille** 古い，老いた

beau，**nouveau**，**vieux** に母音や無音の **h** が続く場合，**bel**，**nouvel**，**vieil** に変化します。

un bel arbre 美しい木，**un nouvel étudiant** 新しい学生，
un vieil homme 年老いた男性

形容詞の位置によって意味の変わるものがあります。

un homme grand 背の高い男
un grand homme 偉大な男（**homme** についたときのみ）
mon ancienne maison 以前住んでいた家
une maison ancienne（歴史的価値のある）古い家

一歩先へ

不定冠詞 **des** は，複数形の形容詞の直前で **de** になることがあります。

de belles maisons　美しい家々

▶12日目 修飾することば

49

Exercices

1 主語に合わせて，必要なら形容詞の語尾の綴りを書き足しましょう。

① **Elle est chinois(　) ?**
— Non, elle est américain(　).
彼女は中国人ですか。— いいえ，彼女はアメリカ人です。

② **Elle a 30 ans ? Elle est jeune(　) !**
彼女は 30 歳ですか。彼女は若いですね！

③ **Vous êtes fatigué(　), les filles ?**
— Non, mais on est occupé(　).
女子たち，あなたたちは疲れてますか。
— いいえ，でも私たちは忙しいです。

④ **La tour Eiffel, c'est grand(　).**
エッフェル塔は大きいです。

⑤ **Elles sont petit(　), ces chaussures.**
この靴は小さいです。

2 下線の形容詞を最も適切な形にして **(　　　)** に入れましょう。

① **Un <u>grand</u> sac et une (　　　) valise.**
大きなバッグと大きなスーツケース。

② **Du <u>bon</u> vin et de la (　　　) bière.**
美味しいワインと美味しいビール。

③ **Un <u>nouveau</u> magasin et une (　　　) maison.**
新しい店と新しい家。

④ **Un <u>vieux</u> jardin, une (　　　) terrasse et un (　　　) arbre.**
古い庭と古いテラス，そして古い木。

⑤ **Du jus <u>frais</u> et de l'eau (　　　).**
新鮮なジュースと新鮮な水。

3 文を聞き，話題になっている人・ものの性別と数を聞き取り，表のあてはまるところに ✔ をしましょう。

105

	男性	女性	単数	複数
①				
②				
③				
④				
⑤				

un sac blanc
1個の白いバッグ

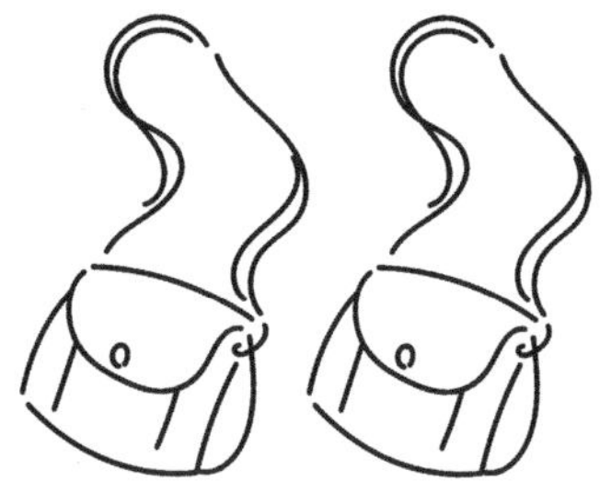

des sacs blancs
いくつかの白いバッグ

une chaussette blanche
片方の白い靴下

des chaussettes blanches
1足の白い靴下

《答え》【1】① e, e　② -　③ es, es　④ -　⑤ es

【2】① grande　② bonne　③ nouvelle　④ vieille, vieil　⑤ fraîche

【3】

	男性	女性	単数	複数
①	✔			✔
②		✔		✔
③		✔	✔	
④	✔		✔	
⑤		✔	✔	

① Nous sommes anglais. 私たちはイギリス人です。
② Vous êtes sérieuses ? あなたたちは真剣ですか。
—Oui, on est sérieuses.　—はい，私たちは真剣です。
③ Vous êtes sérieuse ? あなたは真剣ですか。
—Oui, je suis sérieuse.　—はい，私は真剣です。
④ Tu es grand.　君は背が高いです。
⑤ Tu es grande.　君は背が高いです。

50

2 副詞

Léna parle beaucoup, mais Noé parle peu.
レナはたくさん話しますが，ノエはあまり話しません。

Léna parle très vite, mais Noé parle lentement.
レナはとても早口で話しますが，ノエはゆっくり話します。

副詞：動詞・形容詞・副詞を修飾

動詞を修飾するときは**動詞**（複合過去では**助動詞**）**の直後**に置きます。

Léna aime beaucoup le café. レナはコーヒーがとても好きです。

形容詞・副詞を修飾するときは，**前**に置きます。

Léna parle très bien français, mais elle est trop bavarde.
レナはフランス語をとても上手に話しますが，おしゃべりがすぎます。

●よく使われる副詞●

□**bien** よく，上手に ⇔ □**mal** 悪く，下手に
□**beaucoup** たくさん ⇔ □**peu** 少なく（あまり～なく）
□**vite**，**rapidement** 速く ⇔ □**lentement** ゆっくり
□**tôt** 早く ⇔ □**tard** 遅く
□**toujours** ＞ □**souvent** ＞ □**parfois** ＞ □**rarement**
いつも しばしば ときどき 稀に

多くの副詞の作り方：「形容詞の女性形の語尾＋ -ment」

lent ⇨ lente㊛ ⇨ lentement
heureux ⇨ heureuse㊛ ⇨ heureusement 幸せに，幸い

▶男性形が母音で終わる場合：「男性形＋ **-ment**」に

vrai ⇨ vraiment 本当に
facile ⇨ facilement 簡単に

▶語尾が **-ent**，**-ant** の形容詞：副詞の語尾が **-emment**，**-amment** に

récent ⇨ récemment 最近
↳[a] の音で発音！

suffisant ⇨ suffisamment 満足に

特殊な形をとる副詞もあります。

gentil ⇨ gentiment 親切に
énorme ⇨ énormément おびただしく

Ils sont lents. 《形容詞》
彼らは遅いです。

Ils courent lentement. 《副詞》
彼らはゆっくり走ります。

Ils sont rapides. 《形容詞》
彼らは速いです。

Ils courent rapidement / vite. 《副詞》
彼らは速く走ります。

▶12日目 修飾することば

Exercices

1 (　　) に入る語を，bon(ne)/mauvais(e)，bien/mal，très，beaucoup から選んで書きましょう。

① Il parle (　　) français. Il a une (　　) prononciation.
彼はフランス語を上手に話します。彼の発音が上手です。

② Mina cuisine (　　). Ses plats sont (　　).
ミナは料理が上手です。彼女の料理は美味しいです。

③ Noé joue (　　) du piano. C'est un (　　) pianiste.
ノエはピアノが下手です。彼は下手なピアニストです。

④ Jim parle (　　). Il est (　　) bavard.
ジムはたくさん話します。彼はとてもおしゃべりです。

⑤ Je travaille (　　) et je rentre (　　) tard. Je suis (　　) fatigué.
私はたくさん仕事をし，とても遅く帰ります。私はとても疲れています。

2 (　　) に入る語を，rapide，vite，tôt から選んで書きましょう。

① Ma voiture est (　　). Elle va très (　　).
私の車は速いです。速く進みます。

② C'est (　　), le train. On va arriver (　　).
電車，速いですね。早く到着しそうです。

③ Je ne comprends pas. Tu parles trop (　　).
理解できません。君は速く話しすぎます。

④ Le matin, je me lève (　　) et je mange très (　　).
朝，私は早く起き，速く食べます。

⑤ Téléphoner, c'est plus (　　).
電話の方が速いです。

3 形容詞を副詞にしましょう。

① Regarde (attentif :　　), il y a encore une faute.
注意して見てごらん。まだ間違いが 1 つあります。

② Je mange (rare :　　) en ville.
私はめったに外食しません。

③ Léna va (régulier :　　) chez ses parents.
レナは定期的に彼女の両親の家へ行きます。

④ (Heureux :　　), on a (vrai :　　) de la chance.
幸いなことに，私たちは本当にラッキーです。

⑤ Le professeur parle (sérieux :　　) mais (gentil :　　) avec les élèves.
先生は生徒たちと厳しくも優しく話します。

Elle danse bien.
C'est une bonne danseuse.
彼女は上手にダンスをします。彼女は上手なダンサーです。

Il nage bien.
C'est un bon nageur.
彼は上手に泳ぎます。彼は上手なスイマーです。

Ils parlent beaucoup. 《量》
彼らはたくさん話します。

Bonjour, je suis chinois.
Vous parlez français ?
こんにちは，私は中国人です。
あなたはフランス語を話しますか。

Moi, je suis vietnamien.
Oui, je parle français.
私はベトナム人です。はい，私はフランス語を話します。

Ils parlent bien (français). 《質》
彼らは（フランス語を）上手に話します。

《答え》【1】① bien, bonne ② bien, bons ③ mal, mauvais ④ beaucoup, très
⑤ beaucoup, très, très

【2】① rapide, vite ② rapide, tôt ③ vite ④ tôt, vite ⑤ rapide

【3】① attentivement ② rarement ③ régulièrement ④ Heureusement, vraiment
⑤ sérieusement, gentiment

比較級・最上級

Léna est plus bavarde que Noé.
De plus, elle parle plus vite.
レナはノエよりおしゃべりです。その上，より早口で話します。

Elle est la plus bavarde de la classe.
彼女はクラスで一番おしゃべりです。

形容詞・副詞についての比較

Léna est {plus / aussi / moins} bavarde que Noé.

レナは {ノエよりもおしゃべりです。 / ノエと同じくらいおしゃべりです。 / ノエよりもおしゃべりではありません。}

Léna parle {plus / aussi / moins} vite que Noé.

レナは {ノエよりも早口で話します。 / ノエと同じくらい早口で話します。 / ノエよりも早口で話しません。}

動詞・名詞についての比較（分量）

Léna parle {plus / autant / moins} que Noé.

レナは {ノエよりもたくさん話します。 / ノエと同じくらい（たくさん）話します。 / ノエよりも話しません。}

Léna a { plus / autant / moins } de questions que Noé.

レナは { ノエよりも質問があります。 / ノエと同じくらい質問があります。 / ノエよりも質問がありません。 }

＊いずれも，que 以下を省略して用いることもできます。autant（de ＋無冠詞名詞）＝「それほど多く（の）」の意味になります。de 以下を省略するときには，代名詞 en を補います。（p.140 参照）

最上級：定冠詞＋比較級

副詞の最上級に付ける定冠詞は常に **le**。必要に応じ，**de** の後ろに所属する集団を続けます。

Léna est la plus bavarde (de la classe).
C'est elle qui parle le plus dans la classe !

beaucoup の優等最上級（＋）（⇔le moins）

レナが（クラスで）一番おしゃべりです。クラスで一番話すのは彼女です！

一歩先へ

▶ **bon(ne) の優等（＋）比較級：meilleur(e)(s)** ×~~plus bon(ne)(s)~~

Ce fromage est bon, mais ce camembert est meilleur.

このチーズは美味しいですが，このカマンベールのほうが美味しいです。【英】better

Ce camembert est le meilleur.

このカマンベールが一番美味しいです。【英】the best

▶ **bien の優等（＋）比較級：mieux** ×~~plus bien~~

Noé parle bien français, mais Léna parle mieux.

ノエはフランス語を上手に話しますが，レナの方が上手に話します。【英】better

Léna parle le mieux français (de la classe).

レナは（クラスで）一番上手にフランス語を話します。【英】the best

52

Exercices

1 (　　　) に比較級の表現を入れましょう。

① **Je suis (+　　　) petit (　　　) toi.**
私は君より小さいです。

② **Noé est (=　　　) bavard (　　　) Jim.**
ノエはジムと同じくらいおしゃべりです。

③ **Mes parents sont (+　　　) sérieux (　　　) moi.**
私の両親は私より真剣です。

④ **Mina est (−　　　) grande (　　　) Léna.**
ミナはレナより大きくありません。

⑤ **Ce livre est (=　　　) intéressant (　　　) ce magazine.**
この本はこの雑誌と同じくらい興味深いです。

2 (　　　) に入る語を，**aussi**，**autant**，**autant de** から選んで書きましょう。

① **Jim travaille beaucoup. Noé travaille (　　　).**
ジムはたくさん働きます。ノエも同じくらい働きます。

② **Tu manges (　　　) chocolat ? C'est un peu trop.**
君，そんなにチョコを食べるの？　ちょっと多すぎです。

③ **Je pars à six heures. Mon mari part (　　　) tôt.**
私は6時に出発します。私の夫も同じくらい早く出発します。

④ **Vous ne devez pas faire (　　　) bruit, les enfants !**
子どもたち，そんなに音を立ててはいけません。

⑤ **Tu ne peux pas manger (　　　) vite.**
そんなに速く食べてはいけないよ。

110 **3** **Jim**，**Mina**，**Noé**，**Léna**，**Sam** についての文を聞いて，背の高い順に名前を書きましょう。

(①　　　) > (②　　　) > (③　　　) > (④　　　) > (⑤　　　)

Je suis la femme la plus heureuse du monde !
私は世界で一番幸せな女性よ！

Et moi, le plus heureux !
そして僕は，一番幸せな男性だ！

1回目	2回目	3回目	達成率
年　月　日	年　月　日	年　月　日	62 %

街の中の形容詞

画像の中の形容詞，いくつ見つかりましたか？

①

②

③

④

① **locaux, frais, authentiques, bon, artisanales**（フランスとスイスの国境の町のカフェ）
② **jeune**（ディジョンにあるブルゴーニュ生活博物館にて）
③ **réservées, réduite**（ブザンソンの市内バスの優先席）　④ **nationaux, technique**（ブザンソンの国立種馬牧場）

《答え》【1】① plus, que　② aussi, que　③ plus, que　④ moins, que　⑤ aussi, que

【2】① autant　② autant de　③ aussi　④ autant de　⑤ aussi

【3】① Léna　② Sam　③ Noé　④ Jim　⑤ Mina

Jim est plus grand que Mina. Jim est moins grand que Léna. Léna est plus grande que Sam. Sam est plus grand que Jim et Mina. Noé est moins grand que Léna et Sam. Noé est plus grand que Jim.
ジムはミナより大きいです。ジムはレナより大きくありません。レナはサムより大きいです。サムはジムとミナより大きいです。ノエはレナとサムより大きくありません。ノエはジムより大きいです。

▶13日目 代名詞

1 直接目的語代名詞と間接目的語代名詞

Je le vois. Je la vois. Je les vois.
私には彼（それ）が見えます。私には彼女（それ）が見えます。
私には彼ら（それら）が見えます。

Je réponds à Emma. Je lui réponds.
私はエマに返事をします。私は彼女に返事します。

直接目的語代名詞＝直接目的語（人・もの）を受ける

le, la, les は「もの」を指すことも

定冠詞・所有形容詞・指示形容詞がついた名詞と固有名詞

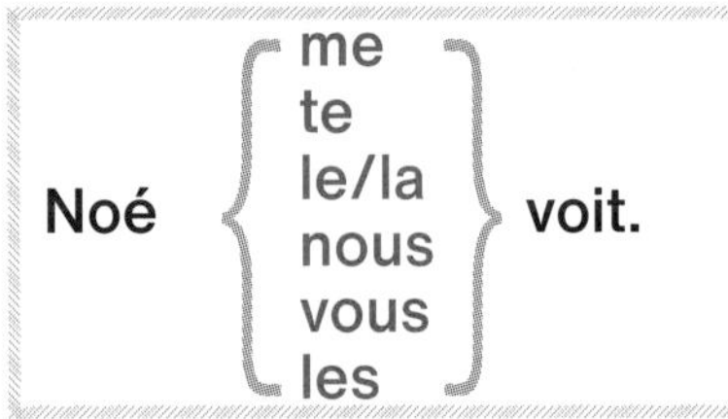

Noé { me / te / le/la / nous / vous / les } voit.

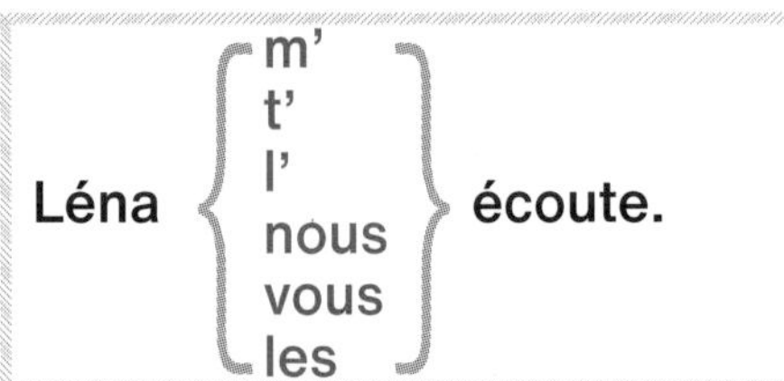

Léna { m' / t' / l' / nous / vous / les } écoute.

＊ **me**, **te**, **le**, **la** は母音や無音の **h** の前でエリズィオン

間接目的語人称代名詞＝「à ＋ 人」を受ける

✔ 男女の区別なし。

✔ lui と leur 以外は，直接目的語代名詞と同形。

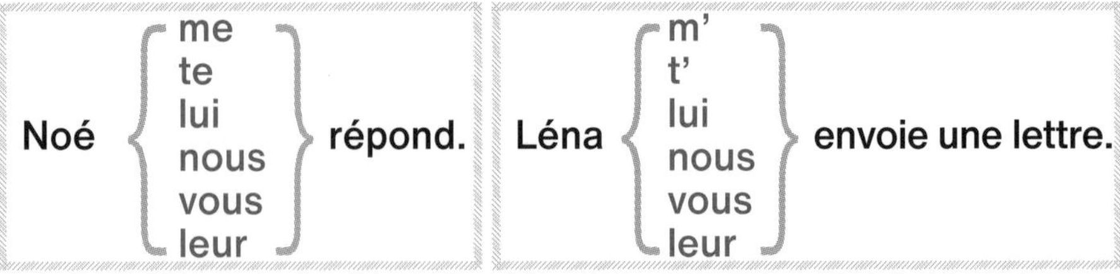

Noé { me / te / lui / nous / vous / leur } répond.

Léna { m' / t' / lui / nous / vous / leur } envoie une lettre.

penser à（＋人），**s'intéresser à**（＋人）は，「**à ＋強勢形**」を用います。

112

Je pense à Thomas. ⇨ Je pense à lui.
私はトマのことを考えます。

Je m'intéresse à ses parents. ⇨ Je m'intéresse à eux.
私は彼（女）の両親に興味があります。

否定形＝ ne ＋ 代名詞と動詞のまとまり全体 ＋ pas

Noé ne me voit pas.
ノエには私が見えません（ノエは私に会いません）。

Noé ne me répond plus. ノエはもう私に返事をしません。

一歩先へ

原則として，「動詞（準助動詞）＋動詞の原形」の文では，目的語代名詞は**原形の前**に置かれます。

Je vais te voir. 私はこれから君に会います。

複合過去形では，**助動詞の前**に置かれます。

Je t'ai vu. 私は君を見ました。 × J'ai te vu.

aimer や **connaître** の前の **le**，**la**，**les** は人を指します。ものを指したいときは次のようにいいます。

Vous aimez la pizza ? — Oui, j'aime bien (ça).
あなたはピザが好きですか。— はい，好きです。

Vous connaissez la polenta ? — Oui, je connais.
あなたはポレンタを知っていますか。— はい，知っています。

▶13日目 代名詞

54

Exercices

1 (　　) に入る語を，le，la，l'，les，lui，leur から選んで書きましょう。

① Mes amis sont sympa. Je (　　　) aime beaucoup.
私の友人たちは感じがいいです。私は彼らが大好きです。

② Jim téléphone à Sam. Il (　　　) parle de son problème.
ジムはサムに電話をします。彼は自分の悩みを話します。

③ Le violet va bien à Léna. Le vert aussi (　　　) va bien.
レナは紫が似合います。緑もよく似合います。

④ Mina ressemble à ses parents. Sa sœur aussi (　　　) ressemble.
ミナは両親に似ています。姉（妹）も彼らに似ています。

⑤ Je connais cette chanteuse. Je (　　　) connais depuis longtemps.
私はこの歌手を知っています。ずっと前から知っています。

2 下線部を代名詞に書き換えて，否定形で答えましょう。

① Mina㊛ te répond tout de suite ?
ミナは君にすぐに返事をしますか。

② Noé㊚ vous connaît ?
ノエはあなたたちを知っていますか。

③ Tu penses à Tom ?
君はトムのことを考えているの？

④ Il respecte ses professeurs ?
彼は先生たちを尊敬していますか。

⑤ Les parents de Noé téléphonent souvent à sa sœur ?
ノエの両親は，彼の姉（妹）に頻繁に電話をしますか。

113 **3** 文を聞き，目的語代名詞が直接目的語か間接目的語かを聞き取り，表のあてはまるところに ✔ をしましょう。

	直接目的語	間接目的語
①		
②		
③		
④		
⑤		

《答え》【1】① les　② lui　③ lui　④ leur　⑤ la

【2】① Non, elle ne me répond pas tout de suite.
② Non, il ne nous connaît pas.
③ Non, je ne pense pas à lui.
④ Non, il ne les respecte pas.
⑤ Non, ils ne lui téléphonent pas souvent.

【3】

	直接目的語	間接目的語
①		✔
②	✔	
③		✔
④		✔
⑤	✔	

① Je te réponds demain.　私は君に明日返事をします。
② Il me connaît bien.　彼は私をよく知っています。
③ Nous vous envoyons un cadeau.　私たちはあなた（たち）にプレゼントを送ります。
④ Elle leur dit bonjour.　彼女は彼らにあいさつをします。
⑤ Je vous écoute.　私はあなたのことを聞いています。

55

2 中性代名詞 le, y, en

Je pense que Léon vient. Je le pense.
私はレオンが来ると思います。私はそうだと思います。

Je pense à la fête. J'y pense.
私はパーティのことを考えます。私はそのことを考えます。

Je parle de la fête. J'en parle.
私はパーティについて話します。私はそのことについて話します。

le：「属詞・形容詞・節（動詞を含む部分）」を受ける

Vous êtes japonais ? —Oui, je le suis.
あなたは日本人ですか。 — はい，そうです。

Vous savez quand il vient ? —Oui, je le sais.
彼がいつ来るか知っていますか。 — はい，知っています。

y：「à ＋もの・場所」を受ける

Je pense à mon avenir. J'y pense souvent.
私は自分の将来について考えます。私はそのことをしばしば考えます。

Il va à Paris demain. Il y va demain.
彼は明日パリに行きます。彼は明日そこに行きます。

en：「de ＋もの・場所」・「不定冠詞・部分冠詞・数量表現を伴う直接目的語（人・もの）」を受ける

Il parle de son livre. Il en parle.
彼は自分の本について話します。彼はそれについて話します。

名詞を **en** で受けるとき，**un**，**une** と**数量表現**（単位，**beaucoup**，**un peu** など）があれば動詞の後ろに残します。

Vous avez une sœur ? — Oui, j'en ai une.
お姉さん（妹さん）はいますか。 — はい，1 人います。
Vous avez beaucoup de disques ?
— Oui, j'en ai beaucoup. (en = de disques)
あなたはディスクをたくさん持っていますか。
— はい，たくさん持っています。
Vous voulez du jambon ? — Oui, j'en voudrais six tranches.
ハムはいかがですか。 — はい，6 枚ください。

否定形＝ **ne** ＋ 代名詞と動詞のまとまり全体 ＋ **pas**

Je ne le sais pas. Je n'y vais pas. Je n'en ai pas.

一歩先へ

「**de** + 人」は，「**de** + **強勢形**」で表します。

Il parle de ses parents. Il parle d'eux.
彼は自分の両親について話します。彼は彼らについて話します。
On a besoin du professeur. On a besoin de lui.
私たちには，先生が必要です。私たちには，彼が必要です。

56

Exercices

1 (　　) に中性代名詞を入れましょう。

① **Quand est-ce que Zoé travaille à Osaka ? — Elle (　　) travaille en août.**
ゾエはいつ大阪で仕事をしますか。
— 8 月にそこで仕事をします。

② **Quand est-ce que Mina fait du tennis ? — Elle (　　) fait le jeudi.**
ミナはいつテニスをしますか。— 毎週木曜日にします。

③ **Est-ce que Malo sait pourquoi tu étudies ? — Non, il ne (　　) sait pas.**
マロはなぜ君が勉強しているか知っていますか。
— いいえ，知りません。

④ **Comment est-ce que vous allez à Londres ? — On (　　) va en train.**
あなたたちはどうやってロンドンに行きますか。
— 電車で行きます。

⑤ **Où est-ce qu'elle achète des œufs ? — Elle (　　) achète au marché.**
彼女はどこで卵を買いますか。— 市場で買います。

2 中性代名詞 **en** と，［　　　］の語を用いて答えましょう。

① **Tu as combien de stylos ?** [deux]
君はペンをいくつ持っていますか。

② **Emma a combien d'amis ?** [beaucoup]
エマは友達が何人いますか。

③ **Vous voulez combien de grammes de brie ?** [je，cent grammes]
何グラムのブリー（チーズ）が欲しいですか。

④ **Il y a des œufs ?** [oui]
卵はありますか。

⑤ **Vous lisez combien de livres par semaine ?** [on，quatre]
あなたたちは 1 週間に何冊の本を読みますか。

116

3 文を聞いて，中性代名詞を聞き取り，表のあてはまるところに✔をしましょう。

	le	y	en
①			
②			
③			
④			
⑤			

達成率
66 %

《答え》【1】① y　② en　③ le　④ y　⑤ en

【2】① J'en ai deux.
② Elle en a beaucoup.
③ J'en voudrais cent grammes.
④ Oui, il y en a.
⑤ On en lit quatre.

【3】

	le	y	en
①		✔	
②			✔
③	✔		
④		✔	
⑤		✔	

① Vous y allez en bus ?　あなたはそこへバスで行きますか。
② J'en suis sûr !　私はそれを確信しています！
③ Il ne le sait pas.　彼はそれを知りません。
④ J'y suis souvent le week-end.　私は週末よくそこにいます。
⑤ Ils y pensent.　彼らはそのことを考えます。

57

3 代名詞のまとめと語順

Léna emmène ses enfants à l'école ?
—Oui, elle les y emmène.
レナは子どもたちを学校へ連れて行きますか。
— はい，彼女は彼らをそこへ連れて行きます。

Malo prête sa voiture à Léna ?
—Oui, il la lui prête.
マロは車をレナに貸しますか。
— はい，彼は彼女にそれを貸します。

代名詞のまとめ

直接目的語（人・もの）	me，te，le/la（人・もの） nous，vous，les（人・もの）
間接目的語（**à** ＋人）	me，te，lui，nous，vous，leur
à ＋もの・場所	y
不定冠詞，部分冠詞・数量＋名詞， **de** ＋もの・場所	en

●複数の代名詞を一緒に使うときの語順●

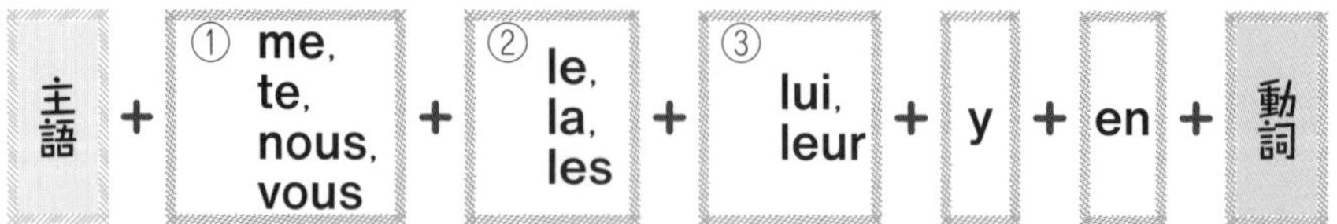

＊①～③の組み合わせについては，①+②（間目＋直目）または②+③（直目＋間目）のパターンが可能です。複数の代名詞を一緒に使う場合，多くても２つまでを使うのが一般的です。

Je vous le promets !
私は皆さんにそれを約束します！《①＋②》

Il le leur promet.
彼は彼らにそれを約束します。《②＋③》

Je vous y emmène.
私はあなたをそこへお連れします。

Elle l'y emmène.
彼女は彼女をそこへ連れて行きます。

Il n'y en a plus.

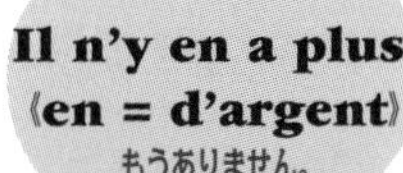

《en = d'argent》
もうありません。

▶13日目 代名詞

Exercices

1 (　　) に正しい語順で代名詞を入れましょう（前ページの図表の①＋②を用いるパターンです）。

① **Tu m'envoies la lettre quand ? — Je (　　) (　　) envoie demain.**
君は私にいつ手紙を送ってくれるの？ — 明日送るよ。

② **C'est vrai ? Il te donne des fleurs ? — Oui, il (　　) (　　) donne le week-end.**
本当に？ 彼は君に花をくれるの？
— はい，週末彼は私にそれをくれます。

③ **Elle nous fait un gâteau ce soir ? — Non, elle ne (　　) (　　) fait pas.**
彼女は私たちに今夜ケーキを作ってくれますか。
— いいえ，彼女は私たちにそれを作りません。

④ **Tes parents t'amènent à l'école ? — Oui, ils (　　) (　　) amènent.**
君の両親は，君を学校まで送ってきてくれますか。
— はい，彼らは私をそこへ送ってきてくれます。

⑤ **Vous me prêtez votre voiture ? — Avec plaisir ! Je (　　) (　　) prête.**
あなたは私に車を貸してくれますか。
— 喜んで！ 私はそれをあなたにお貸しします。

2 下線部を代名詞にして文を書き換えましょう（前ページの図表の②＋③を用いるパターンです）。

① **Demain, je donne <u>mon devoir</u> <u>à mon professeur</u>.**
私は明日，先生に宿題を渡します。

② **Tu envoies <u>un colis</u> <u>à tes parents</u> ce soir.**
君は今夜，君の両親に小包を送ります。

③ **<u>Léna</u> prête <u>son cahier</u> <u>à Mina</u>.**
レナはノートをミナに貸します。

④ **<u>Le facteur</u> passe <u>la lettre</u> <u>à Noé et à Léna</u>.**
配達員はその手紙をノエとレナに渡します。

⑤ **<u>La vendeuse</u> propose <u>cette chemise</u> <u>à Malo</u>.**
販売員はマロにこのワイシャツを提案します。

3 あなた自身について，できる限り代名詞を使って答えましょう。

① **Vous invitez votre ami(e) au restaurant pour la Saint-Valentin ?**
あなたはバレンタインに恋人をレストランへ招待しますか。

② **Vous parlez souvent de votre avenir au professeur ?**
あなたは将来について，よく先生に話しますか。

③ **On vous envoie souvent des colis ?**
あなたは頻繁に小包を受け取りますか。
（直訳：人はあなたに頻繁に小包を送りますか）

④ **Vos amis vous emmènent au bureau ?**
あなたの友人は，あなたを職場まで送っていきますか。

⑤ **Il y a des bonbons dans votre sac ?**
あなたのバッグの中に，飴は入っていますか。

1回目	2回目	3回目	達成率
年　月　日	年　月　日	年　月　日	68 %

フランスの迷信

日本にも迷信があるように，フランスにもいろいろな迷信があります。たとえば，パンを逆さに置かない（逆さに置かれたパンは死刑執行人用とのものとされていました），13人で食卓を囲まない（キリストの13人目の弟子，裏切者のユダを彷彿とさせるからです），左足で糞を踏んだらラッキー（右足は逆）…などがあります。クレープを食べる2月2日の **la Chandeleur**（キリスト生誕から40日後）の日に，左手にコイン（**une pièce de monnaie**）を握りながら右手でフライパンの上でクレープをうまく返せたら，その年はきっといい年になりますよ！

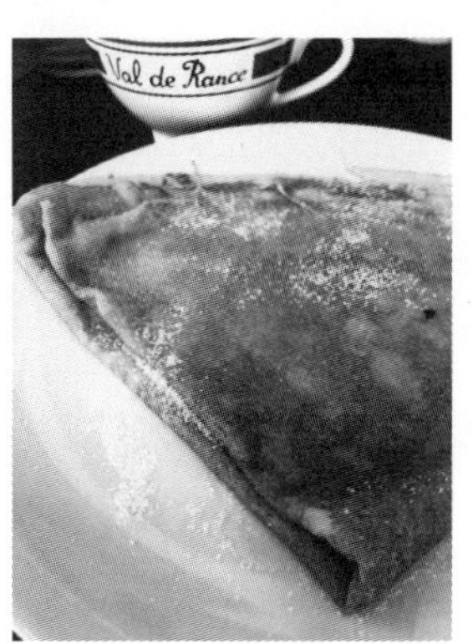

《答え》【1】① te l'　② m' en　③ nous en　④ m' y　⑤ vous la

【2】① Demain, je le lui donne.
② Tu leur en envoies un ce soir.
③ Elle le lui prête.
④ Il la leur passe.
⑤ Elle la lui propose.

【3】① Oui, je l'y invite. / Non, je ne l'y invite pas.
② Oui, je lui en parle souvent. / Non, je ne lui en parle pas souvent.
③ Oui, on m'en envoie souvent. / Non, on ne m'en envoie pas souvent.
④ Oui, ils m'y emmènent. / Non, ils ne m'y emmènent pas.
⑤ Oui, il y en a (un, quatre, beaucoup など). / Non, il n'y en a pas.

58

▶14日目 宿泊施設・レストラン・買い物

～役立つ文法 TOP3：avoir・re と ir 動詞・疑問詞～

1 宿泊施設

Il n'y a pas d'eau chaude.
お湯が出ません。

おさえておきたい表現

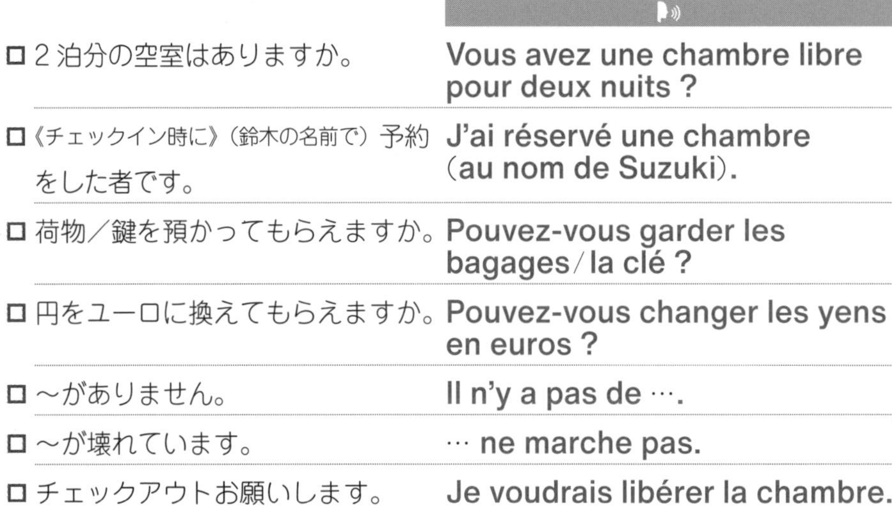

□ 2泊分の空室はありますか。	Vous avez une chambre libre pour deux nuits ?
□《チェックイン時に》（鈴木の名前で）予約をした者です。	J'ai réservé une chambre (au nom de Suzuki).
□ 荷物／鍵を預かってもらえますか。	Pouvez-vous garder les bagages / la clé ?
□ 円をユーロに換えてもらえますか。	Pouvez-vous changer les yens en euros ?
□ ～がありません。	Il n'y a pas de ….
□ ～が壊れています。	… ne marche pas.
□ チェックアウトお願いします。	Je voudrais libérer la chambre.

●宿泊施設で役立つ語彙●

120

シングルルーム	une chambre simple / une chambre avec un lit
□ ダブルルーム	une chambre double / une chambre avec un grand lit
□ ツインルーム	une chambre avec deux lits
□ エキストラベッド	un lit supplémentaire
□ バスタブ付き	avec baignoire
□ シャワー付き	avec douche
□ 朝食付き	avec petit-déjeuner
□ お湯	l'eau chaude
□ 冷房	le climatiseur（la climatisationともいう）
□ 暖房	le chauffage
□ 湯沸かし器	la bouilloire

Allô ! Bonjour, monsieur. Je voudrais réserver une chambre double avec baignoire. Avez-vous une chambre disponible du 16 au 24 août ?

もしもし。こんにちは。

バスタブ付きのダブルルームを予約したいのですが。8月16日から24日までで空いているお部屋はありますか。

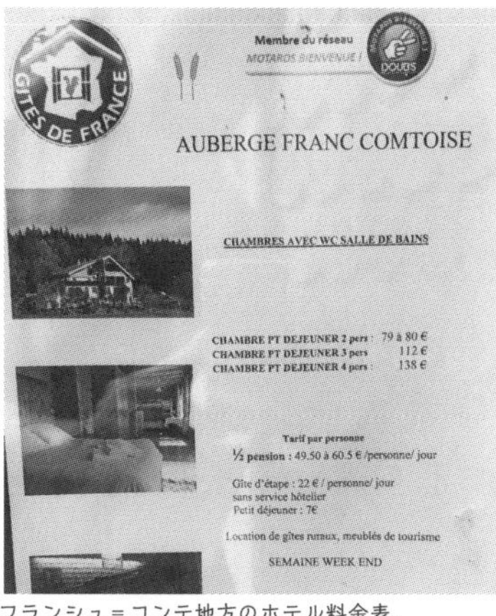

フランシュ＝コンテ地方のホテル料金表。

レストラン

Qu'est-ce que vous avez comme dessert ?
デザートは何がありますか。

おさえておきたい表現

□ 英語のメニューはありますか。	Vous avez une carte en anglais ?
□ ～をください。	Je voudrais …. / Je prends ….
□（前菜／主菜／デザート／ワインの）おすすめは何ですか。	Qu'est-ce que vous me conseillez (comme entrée / plat / dessert / vin) ?
□（前菜／主菜／デザートは）何がありますか。	Qu'est-ce que vous avez (comme entrées / plats / desserts / vins) ?
□ 会計お願いします。	L'addition, s'il vous plaît.

●レストランで役立つ語彙●

□ メニュー	la carte
□ ワインリスト	la carte des vins
□ コース	le menu
□ 前菜	l'entrée
□ 主菜	le plat principal
□ デザート	le dessert
□ 食前酒	l'apéritif
□ 食後酒	le digestif

質問文「**Qu'est-ce que ... comme ～ ?**」は,「 **... quel(le)(s) ～ ?**」にいい換えることができます。

 124

Qu'est-ce que vous avez comme desserts ?
＝ Vous avez quels desserts ?
Qu'est-ce que vous prenez comme boisson ?
＝ Vous prenez quelle boisson ?
お飲み物は何にされますか。

パリでもっとも古いビストロのメニュー。

Sur place（店内で）／ **à emporter**（持ち帰りで）。

ズッキーニとトマトのファルシ（肉詰め）。

60

3 買い物

Je peux l'essayer ?
試着してもいいですか。

おさえておきたい表現

126

□ ～はありますか。	Vous avez … ?
□ いくらですか。	C'est combien ?
□ 以上ですか。	Ce sera tout ?
□ ほかにいかがですか。	Il vous faut autre chose ?
□ 以上です。	C'est tout.
□ ～もください。	Je voudrais aussi …. Il me faut aussi ….
□ これにします。	Je vais prendre ça.
□ クレジットカードは使えますか。	Je peux payer par carte (de crédit) ?
□ 試着してもいいですか。	Je peux l'essayer ?
□ レジ／試着室はどこですか。	Où est la caisse/la cabine d'essayage ?
□ 私には大き／小さすぎます。	C'est trop grand/petit pour moi.
□ 別の色はありますか。	Vous l'avez dans une autre couleur ?
□ 見ているだけです。	Je regarde seulement, merci.
□ 店内で。	Sur place.
□ 持ち帰りで。	À emporter.

さまざまな「色」の形容詞

127

青	黒	緑	グレー	黄	赤
bleu(e)	noir(e)	vert(e)	gris(e)	jaune	rouge

ピンク	オレンジ	茶	白	紫
rose	orange	marron	blanc(he)	violet(te)

＊ほかの名詞から派生した色（**un marron** 栗）は，名詞に合わせて性・数一致させません。

マルシェは買い物だけでなく，お店の人との会話を楽しむ場でもあります。必要な量を伝えたいときは，ジェスチャーをつけて **Comme ça.** といって伝えるのもよいでしょう。「それよりも多く」は **un peu plus**，「それよりも少なく」は **un peu moins** といって希望を伝えましょう。最後に **s'il vous plaît** をつけるのも忘れずに！

パリのデパートの果物売り場。

61

Exercices

1 フランス語にしましょう。

① お湯が出ません。
② 冷房が壊れています。

2 quel(le)(s) を使った質問文に書き換えましょう。

① **Qu'est-ce que vous avez comme salades ?**
サラダは何がありますか。
② **Qu'est-ce que vous me conseillez comme dessert(s) ?**
デザートのおすすめは何ですか。

128
3 会話を聞いて，(　　　) に入る語を書き取りましょう。

《*Au restaurant*》

Gino **(　　　), monsieur. Je suis monsieur Agosto. J'ai réservé une table (　　　) (　　　) à (　　　) heures et (　　　).**
Serveuse **(　　　) Monsieur* Agosto. Suivez-moi.**
…
Serveuse **Avez-vous choisi ?**
Gino **J' (　　　) un peu soif. Qu'est-ce que (　　　) (　　　) comme apéritif ?**
Serveuse **(　　　) (　　　) kir, pression, champagne, panaché…**
Gino **Alors, (　　　) (　　　) une pression, s'il vous plaît. (　　　) (　　　), Mina ?**
Mina **(　　　) (　　　) un panaché, s'il vous plaît.**
Serveuse **Très bien. Qu'est-ce que (　　　) (　　　) comme plat ?**
Gino **(　　　) (　　　) un steak-frites.**
Mina **(　　　) (　　　), une blanquette de veau, s'il vous plaît.**
Serveuse **Très bien.**

＊相手に敬意を表すときは、敬称を大文字表記にします。自分のことをいうときは、小文字表記を用います。

129
4 会話を聞いて，(　　　) に入る語を書き取りましょう。

《*Au marché*》

— Bonjour, madame. (　　　) (　　　) (　　　) camembert ?
— Désolée, monsieur. Je n'ai (　　　) (　　　) camembert, mais j'ai du roquefort. C'est très (　　　).
— Le roquefort, c'est (　　　) ?
— C'est (　　　) euros (　　　) les 100 grammes. Ce n'est pas cher.
— D'accord, je (　　　) (　　　) 200 grammes. Je voudrais aussi (　　　) (　　　). (　　　) litre (　　　) lait, s'il vous plaît. Ça fait (　　　) ?
— Ça fait (　　　) euros, monsieur.
— (　　　).

1回目	2回目	3回目	達成率
年　月　日	年　月　日	年　月　日	72 %

ワインにまつわるフランス式応急措置

レストランやホームパーティーなどで，赤ワインをテーブルクロスに垂らしてしまったら…？　シミの上に炭酸水を垂らすか，塩を盛っておくと，シミが浮いてくるとされています。また，もし飲みすぎで二日酔いになりそう…なんてことになったら，お酒の〆にオニオンスープを食べるか，コーラを飲むとすっきりしますよ！

バイヨンヌ（Bayonne）のバー。

《答え》【1】①Il n'y a pas d'eau chaude.　②Le climatiseur ne marche pas.

【2】①Vous avez quelles salades ?　②Vous me conseillez quel(s) dessert(s) ?

【3】Bonsoir，pour deux，sept，demie // Bonsoir // ai，vous avez // Nous avons // je voudrais，Et toi // Je voudrais // vous prenez // Je prends // Pour moi

《レストランで》

ジノ　こんばんは。アゴストです。7時半に2名で予約しました。
ウェイター　こんばんは，アゴスト様。どうぞこちらへ。
…
ウェイター　お決まりになりましたか。
ジノ　少し喉が渇いています。食前酒は何がありますか。
ウェイター　キール，生ビール，シャンパン，パナシェがあります。
ジノ　それでは，生ビールをください。ミナは？
ミナ　パナシェをください。
ウェイター　かしこまりました。お料理は何にされますか。
ジノ　私はステーキとフレンチフライにします。
ミナ　私は子牛のブランケット（クリーム煮）にします。
ウェイター　かしこまりました。

【4】Vous avez du // plus de，bon // combien // trois，vingt // vais prendre，du lait // Un，de，combien // dix // Merci

《市場で》

―こんにちは。カマンベールはありますか。
―ごめんなさい。カマンベールはもうありません。でも，ロックフォールならあります。とてもおいしいですよ。
―ロックフォールはいくらですか。
―100グラム3ユーロ20です。高くはないですよ。
―わかりました，それでは200グラムください。それから牛乳もください。牛乳1リットルお願いします。いくらになりますか。
―10ユーロです。
―ありがとうございます。

▶15日目 第3週（11日目～13日目）のまとめ問題

62

11日目 re動詞とoir動詞，代名動詞

1 [　　] の語を用いて，フランス語で答えましょう。

① **Vous faites la cuisine ? [oui]**
あなたは料理をしますか。

② **Vous connaissez la cancoillotte* ? [non]** ＊コラム参照。
あなたはカンコワイヨットを知っていますか。

③ **Qu'est-ce que vous buvez le matin ? [chocolat chaud]**
あなたは朝何を飲みますか。

④ **Qu'est-ce que vous prenez au déjeuner ? [soupe]**
あなたは昼食に何を食べますか。

⑤ **Vous mettez combien de temps pour aller à la gare ? [15 minutes]**
あなたは，駅まで行くのに何分かかりますか。

2 フランス語で答えましょう。

① **Vous voulez dormir ou sortir ce week-end ?**
今週末，あなたは寝たいですか，それとも出かけたいですか。

② **Aujourd'hui, vous devez travailler ou faire le ménage ?**
あなたは今日，仕事をしなければなりませんか，それとも家事をしなければなりませんか。

③ **Vous pouvez faire la cuisine ce soir ?**
あなたは今夜，料理ができますか。

④ **Vous devez aller à l'hôpital demain ?**
あなたは明日，病院へ行かなければなりませんか。

⑤ **Vous voulez voyager où ?**
あなたはどこへ旅行をしたいですか。

130 **3** 文を聞いて代名動詞を聞き取り，(　　) に1語ずつ入れましょう。

① **Le week-end, mes parents (　　) (　　) à neuf heures.**
② **Nous ne (　　) (　　) pas dans la forêt. C'est dangereux.**
③ **Vous (　　) (　　) vos vacances en Thaïlande ?**
④ **Je (　　) (　　) souvent de mot de passe pour (　　) (　　).**
⑤ **Les fruits (　　) (　　) bien au marché. Ils sont frais, et en plus, ils ne sont pas chers.**

12日目 修飾することば

1 (　　) に入る形容詞を下から選び，正しい形にして入れましょう。

① Ce garçon est (　　).　　この少年は真剣です。

② Tu as un (　　) ordinateur ?　　君は新しいパソコンがあるの？

③ J'achète une jupe (　　).　　私はロングスカートを買います。

④ Voici des plats (　　).　　こちらは地元の料理です。

⑤ Elle est (　　), cette tarte !　　このタルト，美味しい！

sérieux, long, délicieux, nouveau, régional（地元の）

131 **2** ①～⑤の文を聞いて，頻度が多い順に並び替えましょう。

(　　) > (　　) > (　　) > (　　) > (　　)

3 (　　) に入る語を，mieux, meilleur(e)(s), le mieux, le/la/les meilleur(e)(s) から選んで書きましょう。

① Léna joue du piano (　　) que Mina. C'est (　　) pianiste de la classe.
レナはミナよりも上手にピアノを弾きます。クラスで一番上手なピアニストです。

② Les frites belges sont (　　) du monde ! — Ah bon ? Pour moi, les frites françaises sont (　　) que les frites belges.
ベルギーのフライドポテトが世界で一番美味しいです！ — そう？ 私にとっては，フランスのフライドポテトの方がベルギーのフライドポテトよりも美味しいです。

③ La classe A travaille (　　) que la classe B et leur participation est (　　).
A クラスのほうが B クラスよりもよく勉強し，より参加します。

④ Je te conseille ce restaurant. C'est (　　) restaurant du quartier !
君にこのレストランを勧めるよ。この地区で一番のレストランなんだ。

⑤ Tu es fatigué ? (　　), c'est de bien dormir.
疲れてるの？ 一番よいのは，よく眠ることです。

13日目 代名詞

1 あなた自身について，代名詞を使って答えましょう。

① **Vous regardez la télé tous les matins ?**
あなたは毎朝テレビを見ますか。

② **Vous voyez vos amis tous les jours ?**
あなたは毎日友人たちに会いますか。

③ **Vous écrivez souvent à votre professeur ?**
あなたは頻繁に先生に（手紙・メールを）書きますか。

④ **Vous faites le ménage tous les week-ends ?**
あなたは毎週末家事をしますか。

⑤ **Vous téléphonez souvent à vos amis ?**
あなたは頻繁に友人たちに電話をしますか。

⑥ **Est-ce que vous buvez beaucoup de bière ?**
あなたはビールをたくさん飲みますか。

⑦ **Vous allez au bureau aussi le week-end ?**
あなたは週末も職場へ行きますか。

⑧ **Est-ce que vous voyagez souvent en France ?**
あなたは頻繁にフランスへ旅行をしますか。

⑨ **Vous savez quel président français mange le plus ?**
あなたはどのフランス大統領が一番多く食べるか知っていますか。

⑩ **Est-ce que vous répondez tout de suite aux e-mails ?**
あなたはメールにすぐに返信しますか。

132 **2** 文を聞き，どの代名詞を使っていい換えられるかを考えて，表のあてはまるところに✔をしましょう。1箇所とは限りません。

	le, la, les	lui, leur	y	en
①				
②				
③				
④				
⑤				

達成率 74 %

《答え》

11日目

【1】① Oui, je fais la cuisine.
② Non, je ne connais pas (la cancoillotte).
③ Je bois du chocolat chaud.
④ Je prends de la soupe.
⑤ Je mets 15 minutes (pour aller à la gare).

【2】① Je voudrais dormir / sortir (ce week-end).
② Je dois travailler / faire le ménage (aujourd'hui).
③ Oui, je peux faire la cuisine (ce soir). / Non, je ne peux pas faire la cuisine (ce soir).
④ Oui, je dois aller à l'hôpital (demain). / Non, je n'ai pas besoin d'aller à l'hôpital (demain).
⑤ Je voudrais voyager au Canada. など

【3】① se lèvent ② nous promenons ③ vous rappelez ④ me trompe, me connecter ⑤ se vendent

① 週末，私の両親は９時に起きます。
② 私たちは森の中を散歩しません。危険ですから。
③ あなたはタイでの休暇を覚えていますか。
④ 私は頻繁に，ログインするためのパスワードを間違えます。
⑤ 市場では果物がよく売れます。新鮮ですし，そのうえ高くないですから。

12日目

【1】① sérieux ② nouvel ③ longue ④ régionaux ⑤ délicieuse
【2】①>④>⑤>③>②

① Je fais toujours de la guitare.　私はいつもギターを弾きます。
② Je ne fais jamais la cuisine.　私は決して料理をしません。
③ Je fais rarement le ménage.　私はめったに家事をしません。
④ Je fais souvent du shopping.　私は頻繁にショッピングをします。
⑤ Je fais parfois du rugby.　私はときどきラグビーをします。

【3】① mieux, la meilleure ② les meilleures, meilleures ③ mieux, meilleure ④ le meilleur
⑤ Le mieux

Quand est-ce que vous allez chez le dentiste ?
あなたはいつ歯科へ行きますか。

J'y vais demain. Le plus tôt sera le mieux.
明日行きます。早ければ早いほどいいですから。

▶15日目 第3週（11日目〜13日目）のまとめ問題

13日目

【1】① Oui, je la regarde tous les matins. / Non, je ne la regarde pas tous les matins.
② Oui, je les vois tous les jours. / Non, je ne les vois pas tous les jours.
③ Oui, je lui écris souvent. / Non, je ne lui écris pas souvent.
④ Oui, je le fais tous les week-ends. / Non, je ne le fais pas tous les week-ends.
⑤ Oui, je leur téléphone souvent. / Non, je ne leur téléphone pas souvent.
⑥ Oui, j'en bois beaucoup. / Non, je n'en bois pas beaucoup.
⑦ Oui, j'y vais aussi le week-end. / Non, je n'y vais pas le week-end.
⑧ Oui, j'y voyage souvent. / Non, je n'y voyage pas souvent.
⑨ Oui, je le sais. / Non, je ne le sais pas.
⑩ Oui, j'y réponds tout de suite. / Non, je n'y réponds pas tout de suite.

【2】

	le, la, les	lui, leur	y	en
①		✔		✔
②	✔		✔	
③	✔	✔		
④		✔		✔
⑤	✔	✔		

① Elle pose des questions à son fils.　彼女は息子に質問をします。
② Il emmène ses enfants à l'école.　彼は子どもたちを学校へ送ります。
③ Tu montres la photo à tes amis.　君はその写真を友人たちに見せます。
④ Les étudiants offrent des fleurs à leur professeur.　学生たちは先生に花を贈ります。
⑤ J'envoie cette lettre à mes parents.　私は両親に手紙を送ります。

Vous connaissez la cancoillotte ?

まとめ問題に登場した **la cancoillotte** は，スイスとの国境ジュラ山脈沿いに位置するフランシュ・コンテ地方産のとろみのあるチーズです。ジュラの名産 **le vin jaune** と合わせると絶品です。

さて，フランスはいわずと知れたチーズ大国。土地ごとに独自のチーズがあるので，その種類はおよそ 300 ～ 400 ほどといわれます。1 年間，毎日違う種類のチーズを食べることができるんです。

チーズの食べ方は人によって好みがあります。発酵の進んだものを好む人もいれば，若いチーズを好む人も。カマンベールの皮をつけたまま食べる人もいれば，丁寧に切り落としてから食べる人も。さらにはチーズと同量のバターを添えて食す人もいれば，「チーズ大嫌い」というフランス人ももちろんいます！

ほうれん草とヤギのチーズ（le fromage de chèvre）のタルト。

アペリティフ（食前酒）とチーズの盛り合わせ（une assiette de fromages）。

スーパーマーケットのチーズ売り場。

ディジョン（Dijon）のパン・デピス（pain d'épices）とカンコワイヨット。

64

1 非人称構文

Il est vingt-deux heures.
22 時です。
Il fait frais.
涼しいです。
Il est facile de s'endormir.
寝やすいです。

非人称 il を使った表現

- **Il y a** …. ～があります。
  Il y a **du monde.** 多くの人がいます。

- **Il est** … **heure(s).** ～時です。
  Il est **six** heures. 6 時です。

- **Il faut** …. ～しなければなりません。 原形：falloir
  Il faut **bien étudier.** よく勉強しなければなりません。

- **Il est** …（形容詞）**de** ～. ～するのは…です。
  Il est **difficile** de **nager.** 泳ぐのは難しいです。

天気・気温・体感温度の表現

□ 天気がいいです。	**Il fait** beau (temps).
□ 天気が悪いです。	**Il fait** mauvais (temps).
□ 暑いです。	**Il fait** chaud.
□ 快適です。	**Il fait** bon.
□ 涼しいです。	**Il fait** frais.
□ 寒いです。	**Il fait** froid.
□ 18℃です。	**Il fait** 18 degrés.
□ マイナス 5℃です。	**Il fait** moins 5 degrés.
□ 雨が降っています。	**Il pleut.** 原形：pleuvoir
□ 雪が降っています。	**Il neige.** 原形：neiger
□ 太陽が出ています	**Il y a** du soleil.
□ 曇り空です。	**Il y a** des nuages.
□ 風／台風があります。	**Il y a** du vent / un typhon.
□ 雷雨があります。	**Il y a** de l'orage.

天気予報では，**単純未来**が用いられます。

À Paris, il fera **beau demain.**　パリでは明日は快晴でしょう。

Exercises

1 (　　) に天気を表す語を入れましょう。

① Il (　　) beau.　晴れています。

② Il (　　).　雨が降っています。

③ Il (　　) (　　) du vent.　風があります。

④ Il (　　).　雪が降っています。

⑤ Il (　　) froid.　寒いです。

2 (　　) に非人称表現を入れましょう。

① (　　) (　　) bien dormir.　よく寝なければなりません。

② (　　) (　　) minuit.　深夜0時です。

③ (　　) (　　) (　　) du monde.　多くの人がいます。

④ (　　) (　　) vingt heures à Paris.　パリは今20時です。

⑤ (　　) (　　) facile de comprendre cet exercice.　この練習問題は理解しやすいです。

135 **3** 文を聞いて，il が非人称か人称代名詞（人・もの）かを聞き取り，表のあてはまるところに ✔ をしましょう。

	非人称	人称代名詞
①		
②		
③		
④		
⑤		

Il y a des nuages.
Il va pleuvoir bientôt.
Il faut prendre un parapluie...
曇りだ。もうすぐ雨が降りそうだ。傘を持っていかなければ…

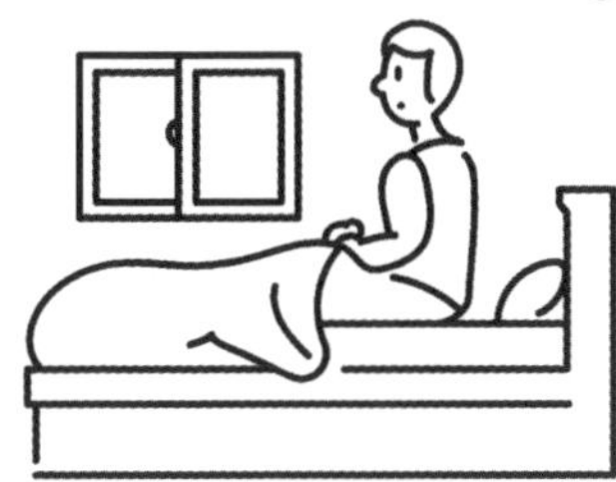

スーパーのレジ脇の表示。
「18 歳未満の未成年への酒類の販売は禁止されています。」

《答え》【1】①fait ②pleut ③y a ④neige ⑤fait

【2】①Il faut ②Il est ③Il y a ④Il est ⑤Il est

【3】

	非人称	人称代名詞
①	✔	
②		✔
③		✔
④	✔	
⑤	✔	✔

①Il est difficile de faire ce test.　このテストをするのは難しいです。
②Il est difficile, ce test.　このテストは難しいです。
③Il comprend facilement ce test.　彼はこのテストを簡単に理解します。
④Il est facile de parler français.　フランス語を話すのは簡単です。
⑤Il est midi. Il mange bien.　正午です。彼はよく食べています。

2 関係代名詞 qui，que，dont，où

L'homme qui danse est l'homme que tu aimes.
踊っている男性は，君の好きな男性です。

Le restaurant dont tu parles est le restaurant où il travaille.
君の話しているレストランは，彼の働くレストランです。

関係代名詞＝文の中の名詞・代名詞（＝先行詞）をもう一つの文（＝節）を使って説明する際のつなぎの語

▶ **qui**：先行詞は，節の中で主語（＝主格）の役割を果たす。

L'homme qui chante regarde le train qui arrive.

歌っている男性は，到着する電車を見ています。

▶ **que**：先行詞は，節の中で目的語（目的格）の役割を果たす。

L'homme que tu regardes chante une chanson que j'aime.

君が見ている男性は，私の好きな歌を歌っています。

que の後ろの主語が**名詞**で，動詞が**間接目的語を伴わない**とき，倒置をすることがあります。

C'est la chanson que chante Paul.
それはポールが歌っている歌です。

▶ **dont**：先行詞は，節の中で **de** を伴う目的語の役割を果たす。

L'homme dont tu parles a le sac dont j'ai envie.

parler de　　avoir envie de

君の話している男性は，私が欲しいバッグを持っています。

▶ **où**：先行詞は，節の中で状況補語（場所や時）の役割を果たす。

Le restaurant où elle travaille ouvre
← Elle travaille au restaurant.

le week-end où il y a des touristes.
← Il y a des touristes le week-end.

彼女の働くレストランは，観光客のいる毎週末に営業しています。

× le week-end ~~quand~~/~~qu'~~ il y a des touristes

La fille dont tu parles regarde l'oiseau qui chante sur l'arbre où il y a des escargots ?
あなたの話している女の子は，
カタツムリがいる木の上で歌っている鳥を見ているの？

Oui.
うん。

Exercices

1 (　　) に入る語を **qui**, **que** から選んで書きましょう。

① **Tu vois la dame (　　) porte un chapeau ? Elle est bizarre.**
帽子をかぶっている女性が見える？　彼女，変よ。

② **Regarde ! Il y a les acteurs (　　) tu aimes.**
見て！　君の好きな俳優たちがいるよ。

③ **Il n'y a pas de professeurs (　　) je connais.**
私の知っている先生はいません。

④ **Les élèves (　　) sont présents font le test.**
出席している生徒たちがテストをしています。

⑤ **Y a-t-il des étudiants (　　) veulent étudier en France ?**
フランスへ留学したい学生たちはいますか。

2 (　　) に入る語を **dont**, **que**, **où** から選んで書きましょう。

① **Voici les chanteuses (　　) je t'ai parlé.**
こちらは私が君に話した女性歌手たちです。

② **Voici les chanteuses (　　) j'aime bien.**
こちらは私がとても好きな女性歌手たちです。

③ **Le professeur (　　) je me rappelle bien, c'est madame Dubois.**
私がよく覚えている先生は，デュボワ先生です。

④ **Léon se rappelle le jour (　　) il a rencontré Mina.**
レオンは，ミナに出会った日を覚えています。

⑤ **J'achète le livre (　　) j'ai besoin pour mes études.**
私は，自分の勉強のために必要な本を買います。

138 **3** 文を聞いて，関係代名詞をすべて聞き取り，表のあてはまるところに ✔ をしましょう。

	qui	que	dont	où
①				
②				
③				
④				
⑤				

Les gens qui attendent le bus portent un masque qu'ils achètent à la pharmacie.
バスを待っている人たちは，彼らが薬局で買っているマスクをつけています。

《答え》【1】① qui ② que ③ que ④ qui ⑤ qui
【2】① dont ② que ③ que ④ où ⑤ dont
【3】

	qui	que	dont	où
①		✔		✔
②		✔	✔	
③	✔			✔
④		✔		✔
⑤	✔		✔	

① La jupe qu'elle porte se vend au magasin où je travaille.
彼女が履いているスカートは，私の働く店で売られています。
② L'homme dont je parle lit le journal qu'il achète au kiosque.
私が話題にしている男性は，キオスクで買っている新聞を読んでいます。
③ Le jeune homme qui chante là-bas va à l'université où je suis allée.
あそこで歌っている青年は，私が通った大学へ通います。
④ Je mange les gâteaux que fait ma mère, sur le balcon où il y a de belles fleurs.
私は母が作るケーキを，美しい花々のあるバルコニーで食べます。
⑤ L'ami qui habite à côté me prête le dictionnaire dont j'ai besoin.
隣に住んでいる友人は，私が必要としている辞書を私に貸します。

68

139

3 現在分詞とジェロンディフ

Je regarde les enfants dansant.
私は踊っている子どもたちを見ています。

Je regarde les enfants en dansant.
私は踊りながら，子どもたちを見ています。

現在分詞 ＝「**nous** の現在形の活用の語幹」＋ **ant**《書き言葉で》
＝「**qui** ＋動詞」

140

Je regarde les enfants lisant un roman.
= qui lisent

⇨ **Je regarde les enfants qui lisent un roman.**
私は小説を読んでいる子どもたちを見ています。

次の動詞は，特別な形をとります。

avoir ⇨ ayant	être ⇨ étant	savoir ⇨ sachant

ジェロンディフ ＝ **en** ＋現在分詞
①「～しながら《同時性》」
②「～なので《理由》」
③「～することで《手段》」

Je lis un roman en écoutant de la musique. 同時性
私は音楽を聞きながら小説を読みます。

▶ **tout** ＋ジェロンディフ＝「～しながらも（同時性の強調）」「～にもかかわらず（譲歩）」

Tout en écoutant **de la musique, je lis un roman.**
私は音楽を聞きながらも，小説を読みます。

J'étudie le français en lisant des romans.
私は小説を読むことでフランス語を勉強しています。
《手段》

Je me suis blessé à la jambe en faisant du sport.
私はスポーツをしていて足を痛めました。
《理由》

69

Exercices

1 (　　　) の動詞をジェロンディフにしましょう。

① **J'apprends le français (regarder :　　　　) la télé.**
私はテレビを見ながらフランス語を学びます。

② **Léna comprend mieux (discuter :　　　　) avec ses amis.**
レナは友人たちと話し合うことで，よりよく理解できます。

③ **(faire :　　　　) du sport, on se sent bien.**
スポーツをすると，気分がいいです。

④ **(être :　　　　) dans une famille d'accueil, on peut mieux découvrir la culture française.**
ホームステイをすることで，フランス文化をより発見できます。

⑤ **(savoir :　　　　) que la porte est fermée à clé, Léon entre dans la maison par la fenêtre.**
ドアに鍵がかかっていると知り，レオンは窓から家に入ります。

2 [　　　] の語とジェロンディフを使って，フランス語に訳しましょう。

① 彼は真剣なので，毎日大学入試のための勉強をします。
[**tous les jours**, **étudier**, **son examen d'entrée à l'université**]

② ミナは電話で話しながら料理をします。[**parler au téléphone**]

③ 食べながら話してはいけません。[**falloir**]

④ タクシーに乗れば，もっと速いです。[**prendre le taxi**]

⑤ ジムは歌いながらシャワーを浴びています。[**prendre sa douche**]

141 **3** 文を聞いて，(　　　) にジェロンディフを書き取り，《　　》にその原形を書きましょう。

① **Léon demande son adresse tout (　　　　) où elle habite !** 《　　》

② **Mina répond (　　　　) qu'elle ne sait pas.** 《　　》

③ **J'étudie (　　　　) mon café.** 《　　》

④ **Il a donné la bonne réponse (　　　　) de la chance.** 《　　》

⑤ **Tout (　　　　) le travail, il discute avec ses collègues.** 《　　》

1回目	2回目	3回目	達成率
年　月　日	年　月　日	年　月　日	81 %

フランスのことわざ

日本のことわざに似たものがフランス語にも存在します。たとえば次のことわざは，日本のどんなことわざに似ていますか。

① Il faut battre le fer pendant qu'il est chaud.

② Jamais deux sans trois.　③ Les murs ont des oreilles.

答えは，① 鉄は熱いうちに打て。② 二度あることは三度ある。③ 壁に耳あり。です。ほかにどのようなことわざがあるか，探してみましょう。

Ils regardent leur smartphone en buvant du café.

彼らはコーヒーを飲みながら，スマートフォンを見ています。

Elle fait les courses en poussant la poussette.

彼女はベビーカーを押しながら買い物をしています。

《答え》【1】① en regardant　② en discutant　③ En faisant　④ En étant　⑤ En sachant

【2】① En étant sérieux, il étudie tous les jours pour son examen d'entrée à l'université.
② Mina fait la cuisine en parlant au téléphone.
③ Il ne faut pas parler en mangeant.
④ En prenant le taxi, c'est plus rapide.
⑤ Jim prend sa douche en chantant.

＊③ manger の nous の現在形の活用では，語幹に e が追加されます（p.86 参照）。

【3】① en sachant，savoir　② en disant，dire　③ en buvant，boire　④ en ayant，avoir
⑤ en finissant，finir

① 彼女がどこに住んでいるか知っているのに，レオンは彼女の住所を尋ねています！
② ミナは，わからないといって答えています。
③ 私はコーヒーを飲みながら勉強しています。
④ 彼の答えが正解だったのは，ラッキーだったからです。
⑤ 仕事が終わったのに，彼はまだ同僚と議論をしています。

142 1 複合過去

Qu'est-ce que vous avez fait ce week-end ?
—J'ai étudié, et après, je suis allé à la mer.

あなたは週末何をしましたか。

― 勉強をして，その後，海へ行きました。

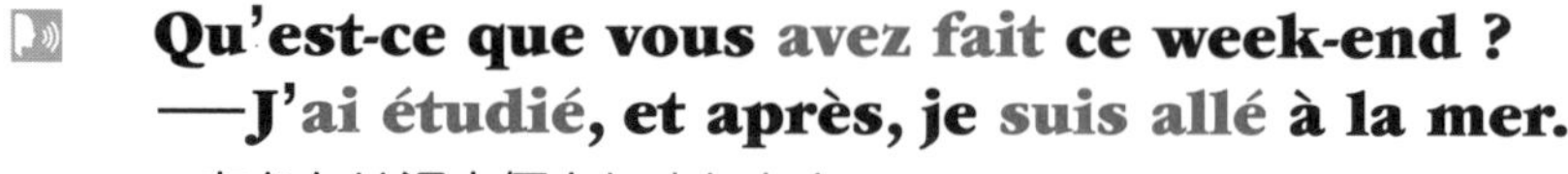

ほとんどの場合は avoir

●**助動詞 être をとる動詞**（過去分詞は主語と性数一致）●

- **aller** 行く ⇔ **venir** 来る
- **arriver** 到着する ⇔ **rester** とどまる ⇔ **partir** 出発する
- **entrer**（**rentrer**）入る（戻る）⇔ **sortir** 出る
- **monter** 上がる，登る ⇔ **descendre** 降りる
- **naître** 生まれる ⇔ **mourir** 死ぬ
- **devenir** ～になる

ただし，助動詞 **être** をとる動詞でも，後ろに**直接目的語**が続く場合には，助動詞 **avoir** を用い，過去分詞は主語と性数一致しません。

143

Elle est sortie dans le jardin. 彼女は庭へ出ました。
Elle a sorti son portable. 彼女は携帯を出しました。

過去分詞は，原形の語尾によって **-é／-u／-i (is/it)** の語尾をとります。

-é	すべての -er 動詞：**manger→mangé**　**aller→allé**
-u	-re：**attendre→attendu**　**entendre→entendu** **connaître→connu**　**paraître→paru**　**vivre→vécu** -oir：**devoir→dû**　**pouvoir→pu**　**savoir→su** **vouloir→voulu**　**recevoir→reçu** **venir→venu**

-i/is/it	-ir：finir→fini　choisir→choisi　partir→parti -re：prendre→pris　mettre→mis -ire：dire→dit　écrire→écrit
その他	avoir→eu　être→été　faire→fait ouvrir→ouvert　offrir→offert　peindre→peint

代名動詞の複合過去 = 主語 + 代名詞と助動詞 **être** + 過去分詞

Léna s'est promenée.　レナは散歩をしました。

否定形 = 主語 + ne + 代名詞と助動詞 **être** + pas + 過去分詞

Léna ne s'est pas promenée.　レナは散歩をしませんでした。

一歩先へ

直接目的語が動詞の**前**に置かれている場合（代名詞や，目的格の関係代名詞の先行詞として），過去分詞は目的語の性数に合わせて一致します。

Les fleurs que j'ai achetées sont belles.

私が買った花は美しいです。

Je les ai achetées au marché hier.

私は昨日市場でそれを買いました。

代名動詞の過去分詞は，代名詞が間接目的語の役割を果たすときは性数一致を行ないません。

Léna s'est lavée.　レナは（自分で）自分（の体）を洗いました。
↳ 直接目的語（s'）

Léna s'est lavé la figure.　レナは顔を洗いました。
↳ 間接目的語（s'）　↳ 直接目的語（la figure）

Exercices

1 下線部を複合過去に書き換えましょう。

① Tu <u>as</u> un problème ?　君は困ったことがあるの？

② Léon <u>prend</u> une photo.　レオンは写真を撮ります。

③ Nous <u>partons</u> à huit heures.　私たちは 8 時に出発します。

④ Mina <u>se couche</u> à dix heures.　ミナは 10 時に就寝します。

⑤ J'<u>attends</u> mon mari.　私は夫を待っています。

2 否定形にしましょう。必要に応じ，冠詞の変化にも注意しましょう。

① J'ai regardé un film anglais.　私はイギリス映画を見ました。

② Elle est rentrée de la piscine.　彼女はプールから戻りました。

③ Jim a fait du tennis.　ジムはテニスをしました。

④ Ils se sont téléphoné.　彼らは電話で話しました。

⑤ Vous vous êtes promené au parc ?　あなたは公園で散歩しましたか。

144 **3** 文を聞いて，現在形か複合過去かを聞き取り，表のあてはまるところに ✔ をしましょう。

	現在形	複合過去
①		
②		
③		
④		
⑤		

《答え》【1】① as eu　② a pris　③ sommes parti(e)s　④ s'est couchée　⑤ ai attendu

【2】① Je n'ai pas regardé de film anglais.
② Elle n'est pas rentrée de la piscine.
③ Jim n'a pas fait de tennis.
④ Ils ne se sont pas téléphoné.
⑤ Vous ne vous êtes pas promené au parc ?

＊①と③は冠詞が **de** に変化していることに注意しましょう。

【3】

	現在形	複合過去
①	✔	
②		✔
③		✔
④	✔	
⑤		✔

① Je voyage en Italie.　私はイタリアへ旅行をします。
② J'ai voyagé en Italie.　私はイタリアへ旅行をしました。
③ Tu as acheté des œufs.　君は卵を買いました。
④ Nous avons un problème.　私たちには問題があります。
⑤ Nous avons eu un problème.　私たちには問題がありました。

2 半過去

Quand j'étais petit, je faisais de la guitare.
C'était amusant.

私は小さかった頃，ギターを弾いたものでした。
楽しかったです。

半過去：過去の習慣・継続・状態

「nous の現在形の語幹＊＋半過去の活用語尾」

＊ただし être の語幹は ét-

146

	半過去の活用語尾	être >半過去の語幹は ét-	parler > nous parlons
je(j')	-ais	j'étais	je parlais
tu	-ais	tu étais	tu parlais
il/elle/on	-ait	il/elle/on était	il/elle/on parlait
nous	-ions	nous étions	nous parlions
vous	-iez	vous étiez	vous parliez
ils/elles	-aient	ils/elles étaient	ils/elles parlaient

	半過去の活用語尾	étudier > nous étudions	finir > nous finissons
je(j')	-ais	j'étudiais	je finissais
tu	-ais	tu étudiais	tu finissais
il/elle/on	-ait	il/elle/on étudiait	il/elle/on finissait
nous	-ions	nous étudiions	nous finissions
vous	-iez	vous étudiiez	vous finissiez
ils/elles	-aient	ils/elles étudiaient	ils/elles finissaient

▶複合過去と半過去の使い分け

147

1 **複合過去＝終点が**「明らかな過去」

Hier, je suis allée à la piscine.
昨日私はプールに行きました。

2 **半過去＝終点が**「明らかでない過去」

Avant, j'habitais à Paris.
以前，私はパリに住んでいました。

ただし，1でも**習慣**的に行なわれていれば**半過去**。

Avant, j'allais à la piscine tous les jours.
以前，私は毎日プールに通っていました。

また，2でもその**期間**が明記されていれば（＝終点が明らかであれば）**複合過去**。

J'ai habité à Paris pendant trois ans.
私はパリに３年住みました。

一歩先へ

複合過去と半過去が同時に使われているとき，**複合過去は出来事**，**半過去はその背景**を表します。
quand の後ろに複合過去を続ける傾向があります。

J'habitais à Paris quand j'ai rencontré Léna.
私がレナに出会ったとき，私はパリに住んでいました。

Quand je suis rentré, Mina mangeait un gâteau.
私が戻ったとき，ミナはケーキを食べていました。

好みを表す動詞を過去形で用いるとき，その感情が現在まで続いている場合には複合過去，過去の感情として表す場合には半過去を用います。

J'ai aimé ce film.
私はその映画をとても気に入りました。 現在も続いている

Avant, j'aimais ce film.
私はその映画を気に入っていました。 現在はそうではない

Exercices

1 半過去に活用させましょう。

① **Avant, je (travailler :　　　　) à New York.**
以前，私はニューヨークで働いていました。

② **Léon (jouer :　　　　) du violon.**
レオンはバイオリンを弾いていました。

③ **Nous (être :　　　　) dans la cuisine.**
私たちは台所にいました。

④ **Mina et sa mère (faire :　　　　) les courses.**
ミナと母親は買い物をしていました。

⑤ **On (avoir :　　　　) raison.**
私たちは正しかったです。

2 フランス語で答えましょう。

① **Avant, vous habitiez où ?**
以前，あなたはどこに住んでいましたか。

② **Vous faisiez quel sport ?**
あなたは何のスポーツをしていましたか。

③ **Quand vous étiez petit(e), vous étiez pessimiste ou optimiste ?**
あなたが小さかった頃，悲観的でしたか，それとも楽観的でしたか。

④ **Hier, il faisait quel temps ?**
昨日はどんな天気でしたか。

⑤ **C'était comment, le week-end dernier ?**
先週末はどんなでしたか。

148 **3** 文を聞いて，複合過去か半過去かを聞き取り，表のあてはまるところに ✔ をしましょう。

	複合過去	半過去
①		
②		
③		
④		
⑤		

達成率
85 %

1. Nous nous sommes disputées.
私たちは口論をしました。

2. Elle s'est moquée de moi.
彼女は私をからかいました。

3. Elle s'est excusée, mais je me suis fâchée.
彼女は謝りましたが，私は怒りました。

4. Elle est partie, et j'ai pleuré.
彼女は去ってしまい，私は泣きました。

《答え》【1】① travaillais ② jouait ③ étions ④ faisaient ⑤ avait

【2】① Avant, j'habitais à ....
② 解答例 Je faisais du foot.
③ Quand j'étais petit(e), j'étais pessimiste / optimiste.
④ 解答例 Hier, il faisait beau / il pleuvait.
⑤ 解答例 Le week-end dernier, c'était amusant（楽しかった）/ ennuyeux（つまらなかった）.

【3】

	複合過去	半過去
①		✔
②	✔	
③	✔	
④		✔
⑤	✔	

① Je chantais une chanson française.　私はフランスの歌を歌っていました。
② J'ai chanté une chanson française.　私はフランスの歌を歌いました。
③ J'ai étudié les maths hier.　私は昨日，数学の勉強をしました。
④ J'étudiais les maths hier.　私は昨日，数学の勉強をしていました。
⑤ Ça a été ? / (Ç'a été ?)　どうでしたか。

単純未来

Demain, il pleuvra. Je resterai à la maison.
明日は雨が降るでしょう。私は家にいるでしょう。

単純未来：仮定条件が加わった未来（近接未来よりもややかしこまったニュアンス）
（近接未来 → 現在の延長線上にある）

「動詞の原形＋ avoir の活用語尾（-ai, -as, -a, -ons, -ez, -ont）」

語尾が e の場合は e をとる

＊単純未来の語尾：-rai, -ras, -ra, -rons, rez, ront

Ce sera tout ? 以上でしょうか。
On se verra bientôt. 近いうちに会いましょう。

151

	rester	répondre
je	resterai	répondrai
tu	resteras	répondras
il/elle/on	restera	répondra
nous	resterons	répondrons
vous	resterez	répondrez
ils/elles	resteront	répondront

次の動詞は，特殊な語幹をとります。

être	avoir
je serai，vous serez，…	j'aurai，vous aurez，…
aller	**faire**
j'irai，vous irez，…	je ferai，vous ferez，…

pouvoir	vouloir
je pourrai, vous pourrez, …	je voudrai, vous voudrez, …
devoir	**venir**
je devrai, vous devrez, …	je viendrai, vous viendrez , …
voir	**savoir**
je verrai, vous verrez, …	je saurai, vous saurez, …
appeler	**lever**
j'appellerai, vous appellerez, …	je lèverai, vous lèverez, …

(ほかに **jeter** など語幹の子音を重ねる動詞も)

152 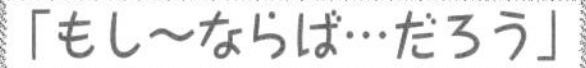

= **Si + 現在形**, **単純未来**.

Si tu vas au marché, je garderai la maison.
もし君が市場に行くなら，私は留守番をするでしょう。

一歩先へ

単純未来は，**軽い命令**を表すことがあります。

Tu achèteras des œufs. 卵を買ってね。

未来における完了は，**前未来**で表します。

Je sortirai quand j'aurai fini mon travail.
↳ 助動詞 (avoir または être) の単純未来形＋過去分詞
仕事が終わったら，私は出かけるでしょう。

▶17日目 複合過去，半過去，単純未来

Exercices

1 単純未来に活用させましょう。

① Demain, j'(étudier : 　　　) sérieusement.
明日，私は真面目に勉強するでしょう。

② Léon (être : 　　　) content de te voir.
レオンは君に会うのを喜ぶでしょう。

③ Ce week-end, nous (aller : 　　　) à la campagne.
今週末，私たちは田舎に行くでしょう。

④ Vos parents (venir : 　　　) ce soir ?
あなたの両親は今夜来るでしょうか。

⑤ On (pouvoir : 　　　) attendre.
私たちは待てるでしょう。

2 現在形または単純未来に活用させましょう。

① Si je (pouvoir : 　　　), je (faire : 　　　) la cuisine.
もしできたら，私は料理をするでしょう。

② Tu (être : 　　　) malade si tu (manger : 　　　) trop de gâteaux.
お菓子を食べすぎたら，君は病気になってしまうよ。

③ S'il (faire : 　　　) beau demain, ils (sortir : 　　　).
明日晴れたら，彼らは出かけるでしょう。

④ Si tu (rentrer : 　　　) tard, tu me (téléphoner : 　　　).
もし帰りが遅くなるなら，電話をしてね。

⑤ Vous (acheter : 　　　) des croissants si vous (aller : 　　　) à la boulangerie.
もしパン屋さんへ行くなら，クロワッサンを買ってきてください。

3 フランス語で答えましょう。

① S'il pleut ce week-end, qu'est-ce que vous ferez ?

② Si vos amis viennent chez vous ce soir, vous serez content(e) ?

③ Si vous voyagez en Europe, où est-ce que vous irez ?

④ Si vous allez en France, qu'est-ce que vous visiterez ?

⑤ Si vous mangez au restaurant, vous prendrez de la viande ou du poisson ?

1回目	2回目	3回目	達成率
年　月　日	年　月　日	年　月　日	87 %

フランスの最も美しい村

「フランスの最も美しい村（Les plus beaux villages en France）」協会に登録されている村は，159 あります（2020 年時点）。この協会は 1982 年に発足されて以来，歴史遺産保護と観光経済促進に貢献しています。フランスの最も美しい村へのアクセスは不便なことが多いですが，機会があればぜひ足を運んでみてください。計り知れない感動と発見があなたを待っていることでしょう。

①

②

③

④

①ロ Lods（Doubs 県）　②レ・ボー＝ドゥ＝プロヴァンス Les-Baux-de-Provence（Bouches-du-Rhône 県）
③ロクロナン Locronan（Finistère 県）　④イヴォワール Yvoire（Haute-Savoie 県）

《答え》【1】① étudierai　② sera　③ irons　④ viendront　⑤ pourra

【2】① peux，ferai　② seras，manges　③ fait，sortiront　④ rentres，téléphoneras　⑤ achèterez，allez

【3】①（もし今週末雨が降ったら，あなたは何をしますか。）
解答例 S’il pleut ce week-end, je ferai le ménage.

②（もし今夜あなたの友人たちがあなたの家に来たら，あなたは嬉しいですか。）
解答例 Oui, je serai content(e) s’il viennent chez moi ce soir.

③（もしあなたがヨーロッパを旅行するなら，あなたはどこへ行きますか。）
解答例 Si je voyage en Europe, j’irai en Italie.

④（もしあなたがフランスに行くなら，あなたはどこを訪れますか。）
解答例 Si je vais en France, je visiterai le Mont-Saint-Michel.

⑤（もしあなたがレストランで食事するなら，あなたは肉にしますか，それとも魚にしますか。）
Si je mange au restaurant, je prendrai de la viande / du poisson.

▶18日目 色々な法

75

命令法

Pars ! Partons ! Partez !
出発して！ 出発しよう！ 出発してください！

Ne pars pas ! Ne partons pas ! Ne partez pas !
出発しないで！ 出発しないでおこう！ 出発しないでください！

命令法の主語は **tu, nous, vous** の３つ

現在形の活用から主語をとる

er 動詞の **tu** の命令形は，活用語尾の **s** が落ちます。

Tu manges. ⇨ Mange ! 食べて！

後ろに母音で始まる代名詞が続く場合，**tu** の活用語尾の **s** がよみがえります。

Manges-en ! それを食べて！
↳リエゾンして発音

目的語代名詞は，動詞の**後ろ**（ハイフンをつける）に移動し，人称代名詞 **me(m'), te(t')** は**強勢形**に変化します。

Tu me passes le sel. ⇨ Passe-moi le sel. 私に塩をとって！
さらに…
⇨ Passe-le-moi. 私にそれをとって！

代名動詞の命令形は代名詞と動詞が倒置され，代名詞は**強勢形**に変化します。

Tu te couches. ⇨ Couche-toi ! 寝て！
↳er 動詞の tu の命令形は s をとる

否定命令（禁止）は，現在形の語順から主語をとった形を **ne pas** などの否定表現ではさみます。

Ne me passe pas le sel. Ne me le passe pas.
Ne te couche pas !
私に塩をとらないで！私にそれをとらないで！寝ないで！

Moi, je suis allé à la mer. Il faisait beau et chaud.
J'ai nagé, il y avait beaucoup de poissons.

僕は海に行ったんだ。晴れていて暑かったよ。泳いだんだけど，魚がたくさんいたよ。

Qu'est-ce que tu as fait
pendant les vacances ?

休暇中，何をしたの？

Ouah ! C'est super... !

わあ！ 最高だね…！

▶18日目 色々な法

Exercices

1 (　　)に，《 》に対する命令法を書きましょう。

① (aller :　　　　) à la boulangerie et (acheter :　　　　) des croissants. 《tu》
パン屋さんに行って，クロワッサンを買って。

② (finir :　　　　) le travail et (faire :　　　　) du foot. 《nous》
仕事を終えて，サッカーをしましょう。

③ (écouter :　　　　), (appeler :　　　　)-moi ce soir. 《tu》
ねえ，今夜電話してね。

④ (faire :　　　　) attention ! Il y a une voiture. 《vous》
気を付けてください！　車があります。

⑤ (dormir :　　　　) bien, et (faire :　　　　) de beaux rêves. 《tu》
よく寝て，いい夢を見てね。

2 (　　)に，《 》に対する命令法を書きましょう。

① (s'habiller :　　　　) vite. Tu es encore en pyjama ! 《tu》
はやく着替えて。まだパジャマなの！

② (se dépêcher :　　　　), on va être en retard. 《nous》
急ぎましょう。遅刻します。

③ (se lever :　　　　) ! Le directeur arrive. 《vous》
お立ちください。部長が到着します。

④ (se laver :　　　　) les mains avant le repas. 《tu》
食事の前は手を洗ってね。

⑤ (se déchausser :　　　　), s'il vous plaît. 《vous》
履物を脱いでください。

3 練習問題 **2** の動詞を，《 》に対する否定命令にしましょう。

① (s'habiller :　　　　) encore. C'est dimanche. 《tu》
まだ着替えないでね。日曜日だから。

② (se dépêcher :　　　　). On a encore du temps. 《nous》
急がないようにしましょう。まだ時間があります。

③ (se lever :　　　　). Vous avez mal au dos. 《vous》
立たないでください。あなたは背中を痛めていますから。

④ (se laver :　　　　) encore les mains. On va jouer dans le jardin. 《tu》
まだ手を洗わないで。これから庭で遊ぶから。

⑤ (se déchausser :　　　　). La salle est sale. 《vous》
履物を脱がないでください。部屋が汚ないので。

フランス人は家でも靴のまま？

フランス人はみな，家でも靴を履いたまま過ごしているのかというと，そういうわけでもなさそうです。中には靴を脱ぎ，室内履き（**les chaussons**）に履き替えて過ごす人もいます。ただし，来客時には靴を履いて過ごすのが一般的。フランス人のお宅へ招待されたら，玄関（**l'entrée**）のマットで靴の汚れをさっと落として，靴のまま入るようにしましょう。

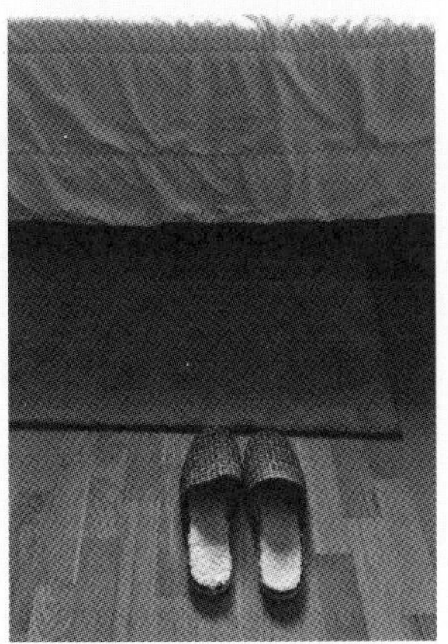

家では室内履き（les chaussons）に履き替えて，リラックスして過ごす人も。

《答え》【1】①Va，achète ②Finissons，faisons ③Écoute，appelle ④Faites ⑤Dors，fais
【2】①Habille-toi ②Dépêchons-nous ③Levez-vous ④Lave-toi ⑤Déchaussez-vous
【3】①Ne t'habille pas ②Ne nous dépêchons pas. ③Ne vous levez pas ④Ne te lave pas ⑤Ne vous déchaussez pas

155

2 条件法現在

Je voudrais un café, s'il vous plaît.
J'aimerais aussi du sucre.

コーヒーを1杯ください。

砂糖もいただきたいです。

直説法 ＝ 現実世界，直接的

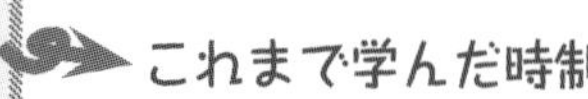

条件法 ＝ 反現実，語気緩和

条件法現在：現在の事実に反する事柄，語気緩和（丁寧）

：「動詞の原形＋半過去の活用語尾」

語末がｅの場合はｅをとる

＊条件法の語尾：-rais, -rais, -rait, -rions, -riez, -raient

156

	rester	répondre
je	resterais	répondrais
tu	resterais	répondrais
il/elle/on	resterait	répondrait
nous	resterions	répondrions
vous	resteriez	répondriez
ils/elles	resteraient	répondraient

達成率 90 %

「もし〜なら，〜なのに」《反現実》 = **Si + 半過去** , **条件法現在** .

157

Si j'allais à Paris, je visiterais des musées.
もし私がパリに行っていたら，美術館を訪れるのに。

si を用いないパターンもあります。

Sans toi, qu'est-ce qu'on ferait ?
君がいなかったら，何をしているだろう。

●語気の緩和（丁寧）●

J'aimerais vous voir demain. 明日お会いしたいと思います。

● au cas où（〜の場合）の後ろ●

Au cas où vous auriez des questions, n'hésitez pas à me le dire.
ご質問がありましたら，気兼ねなくお知らせください。

一歩先へ

条件法過去は，過去の事実に反する事柄を表します。

Si j'étais allée à Paris, j'aurais visité des musées.
（étais allée → 大過去，aurais visité → 条件法過去）
もし私がパリに行っていたなら，美術館を訪れていただろうに。

単独で，後悔や非難を表します。

J'aurais aimé devenir footballeur.
私はサッカー選手になりたかったです。

Tu aurais pu pratiquer davantage.
もっと練習できていたはずなのに。

Exercices

1 条件法に活用しましょう。

① **J' (aimer :　　　) avoir un autre verre.**
もう一杯いただきたいです。

② **Mina (vouloir :　　　) voyager en Provence.**
ミナはプロバンスに旅行したいです。

③ **Au cas où il (faire :　　　) beau, on (sortir :　　　).**
晴れた場合は，私たちは出かけるでしょう。

④ **Si le professeur était là, les étudiants (être :　　　) plus calmes.**
先生がいたら，学生たちはもっと落ち着いているのに。

⑤ **Avec toi, on (s'amuser :　　　) mieux.**
君がいたら，私たちはもっと楽しんでいるのに。

2「**Si+** 半過去，条件法現在.」の文を完成させましょう。

① **Si j' (habiter :　　　) en France, je (voyager :　　　) beaucoup.**
もし私がフランスに住んでいたら，たくさん旅行をするのに。

② **Si vous (être :　　　) à Paris, que (visiter :　　　)-vous ?**
もしあなたがパリにいたら，どこを訪れますか。

③ **Si Léna (pouvoir :　　　) venir, Mina (être :　　　) contente.**
もしレナが来ていたら，ミナは喜ぶのに。

④ **Si tu (parler :　　　) français, la vie (changer :　　　).**
もし君がフランス語を話していたら，人生は変わるのに。

⑤ **Si nous (travailler :　　　) plus vite, nous (finir :　　　) tôt.**
もし私たちがもっと速く仕事をしていたら，早く終わるのに。

158 **3** 文を聞いて，単純未来か条件法かを聞き取り，表のあてはまるところに ✔ をしましょう。

	単純未来	条件法
①		
②		
③		
④		
⑤		

le portrait chinois で自己紹介

フランスには，le portrait chinois というユニークな自己紹介があります。そのやり方はいたって簡単。 Si j'étais …, je serais ～．(もし私が…だったら，～でしょう)．といって，さまざまなテーマに自分のイメージや好きなものを当てはめていきます。たとえば，Si j'étais une boisson, je serais un chocolat chaud（もし私が飲み物だったら，私は温かいココアでしょう）．など…

応用として，Si j'étais une boisson, qu'est-ce que je serais（もし私が飲み物だったら，私は何でしょう）？と周りに尋ねてみたり，相手に Si vous étiez un pays, qu'est-ce que vous seriez（もしあなたが国なら，あなたは何でしょう）？と尋ねたりして，ゲーム形式にすることもできます。

答えも自由ですが，テーマも自由です。たとえば，un plat (français, italien, chinois, etc…), une fleur, une saison, une couleur, un musée, une voiture, un magazine, un alcool, une chanson, un film, un(e) musicien(ne), un acteur/une actrice, un tableau, un roman, un pays, une ville (japonaise, française, etc…), un animal, un sport, un sentiment, un objet, un jour férié… など，オリジナルの le portrait chinois を作ってみてください。

Si j'étais un dessert,
je serais un sorbet au citron.
もし私がデザートだったらレモンシャーベットなんだろうな。

《答え》【1】① aimerais ② voudrait ③ ferait, sortirait ④ seraient ⑤ s'amuserait

【2】① habitais, voyagerais ② étiez, visiteriez ③ pouvait, serait ④ parlais, changerait ⑤ travaillions, finirions

【3】

	単純未来	条件法
①	✔	
②		✔
③		✔
④	✔	
⑤		✔

① Si tu viens, tu achèteras des fleurs. もし君が来るなら，花を買ってきてください。
② Si tu venais, tu achèterais des fleurs. もし君が来ていたら，君は花を買ってくるのに。
③ Avec lui, vous seriez content. 彼となら，あなたは喜ぶのに。
④ Avec lui, vous serez content. 彼となら，あなたは喜ぶでしょう。
⑤ Au cas où je serais malade, appelez un docteur. もし私が病気になったら，医者を呼んでください。

78

159

3 接続法

Il faut que je finisse mon devoir.
J'aimerais que tu viennes m'aider.
宿題を終わらせなければなりません。
君が手伝いに来てくれたら嬉しいです。

接続法：義務・願望・疑い・主観的感情を表す動詞・形容詞の後ろで使用
「ils の現在形の語幹＋接続法の活用語尾（-e, -es, -e, -ions, -iez, -ent）」

＊ **nous** と **vous** は半過去と同形。

接続法は常に **que** の後ろで用いられるので，**que** をつけた状態で活用を覚えておくと便利です。

160

	finir (ils finissent)	**prendre (ils prennent)**
que je	finisse	prenne
que tu	finisses	prennes
qu'il/elle/on	finisse	prenne
que nous	finissions	prenions
que vous	finissiez	preniez
qu'ils/elles	finissent	prennent

次の動詞は特別な活用をします。

	être	avoir	aller
que je(j')	sois	aie	aille
que tu	sois	aies	ailles
qu'il/elle/on	soit	ait	aille
que nous	soyons	ayons	allions
que vous	soyez	ayez	alliez
qu'ils/elles	soient	aient	aillent

faire	que je fasse, que vous fassiez
pouvoir	que je puisse, que vous puissiez
savoir	que je sache, que vous sachiez

▶ **penser**（考える）の否定形（・倒置疑問形）の後ろ：接続法

161

Tu penses qu'il vient ? Moi, je ne pense pas qu'il vienne.

▶ **souhaiter**（願う）＋接続法，**espérer**（望む）＋直説法.

Je souhaite qu'il vienne. J'espère qu'il vient.

一歩先へ

bien que（～にもかかわらず），**pour que**（～のために），**avant que**（～する前に），**de peur que**（～を恐れて）といった接続詞の後ろでも，接続法が使われます。

Bien qu'il pleuve, je promène mon chien pour qu'il soit content.

雨が降っていますが，私は犬が喜ぶよう散歩に連れて行きます。

De peur que nous ayons froid, rentrons avant qu'il fasse nuit.

寒くなるのが心配なので，暗くなる前に帰りましょう。

▶18日目 色々な法

Exercices

1 接続法に活用しましょう。

① **Tu veux que je (faire : 　　　) la cuisine ?**
君は私に料理をしてほしいの？

② **Je souhaite que vous (passer : 　　　) de bonnes vacances.**
あなたがよい休暇を過ごすことを願います。

③ **Je suis content qu'il (pouvoir : 　　　) venir.**
私は，彼が来られることが嬉しいです。

④ **Je préfère que tu (finir : 　　　) d'abord.**
私は，君がまず終わらせることのほうを望みます。

⑤ **Il faut que je (s'en aller : 　　　).**
もう行かなきゃ。

2 **Il faut que** から始まる文に書き換えましょう。

① **Je dois attendre.** 私は待たなければなりません。

② **Tu dois être plus sérieux.** 君はもっと真剣にならなければなりません。

③ **Noé doit le savoir.** ノエはそれを知らなければなりません。

④ **Nous devons faire du sport.** 私たちはスポーツをしなければなりません。

⑤ **Vous devez lire ce livre.** あなたはこの本を読まなければなりません。

162 **3** 文を聞いて，**que** の後ろの動詞が接続法か直説法かを聞き取り，表のあてはまるところに✔をしましょう。

	直説法	接続法
①		
②		
③		
④		
⑤		

1回目	2回目	3回目	達成率
年　月　日	年　月　日	年　月　日	93 %

《答え》【1】① fasse　② passiez　③ puisse　④ finisses　⑤ m'en aille

【2】① Il faut que j'attende.
② Il faut que tu sois plus sérieux.
③ Il faut que Noé le sache.
④ Il faut que nous fassions du sport.
⑤ Il faut que vous lisiez ce livre.

【3】

	直説法	接続法
①		✔
②	✔	
③		✔
④	✔	
⑤		✔

① Je suis content que tu aimes ma tarte.　君が私のタルトを気に入ってくれて，私は嬉しいです。
② J'espère que tu aimes ma tarte.　君が私のタルトを気に入るといいなあ。
③ Il faut que tu arrives tôt.　君は早く到着しなければなりません。
④ Je pense que tu arrives tôt.　私は君が早く到着すると思います。
⑤ Je ne pense pas que tu arrives tôt.　私は君が早く到着するとは思いません。

80

▶19日目 交通機関・観光・インバウンド

～役立つ文法 TOP3：非人称・複合過去・命令法～

1 交通機関

Le train part à quelle heure ?
電車は何時に出発しますか。

おさえておきたい表現

□ どこで降りればいいですか。	Je dois descendre où ?
□ どれくらいかかりますか。	Ça prend combien de temps ?
□《運転手に》（ここで）降ります。	Je descends (ici).
□ 行先はどこですか。	Quelle est la destination ?
□ 電車は何時に出発／到着しますか。	Le train part/arrive à quelle heure ?

●時間表現●

□ ～時 15 分	…heure(s) et quart
□ ～時 45 分	…heure(s) quarante-cinq
□ ～時半	…heure(s) et demie
□ ～時 15 分前	…heure(s) moins le quart

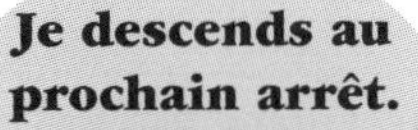

Notre train part de quel quai ?

僕たちの電車は何番ホームから出発するの？

81

165 **2 観光**

Je voudrais participer à un voyage organisé.
ツアーに参加したいです。

おさえておきたい表現

166

□ 写真を撮ってください。	Pourriez-vous me prendre en photo ?
□ ここを押してください。	Appuyez ici.
□ パンフレットはありますか。	Vous avez une brochure ?
□ ツアーに参加したいです。	Je voudrais participer à un voyage organisé.
□ ～が見たいです。	Je voudrais voir ….
□ トイレはどこですか。	Où sont les toilettes ?
□ 大人１枚と子ども１枚です。《チケットの購入》	Un adulte et un enfant, s'il vous plaît.
□ ～を紛失しました。	J'ai perdu ….
□ ～が盗まれました。	On m'a volé …. / Je me suis fait voler ….
□ ～を記入してください。	Remplissez ….
□ 紛失申告	la déclaration de perte
□ 盗難申告	la déclaration de vol

初めて訪れる街で最初にすること

目的地に着いたら，まず訪れるべきは観光案内所（l'Office du tourisme）です。観光案内所では，その街・村の地図（le plan de ville / village）を入手しましょう。観光案内所の場所がわからなかったら，駅員さんなどに Pardon monsieur / madame. Où est l'Office du tourisme, s'il vous plaît ?（あるいは L'Office du tourisme, s'il vous plaît.）と尋ねましょう。

観光案内所で地図を入手したら，Qu'est-ce qu'il faut visiter ? といって，訪れるべき観光スポットを確認するのがおすすめです。効率よく観光できますよ！ Bon voyage !

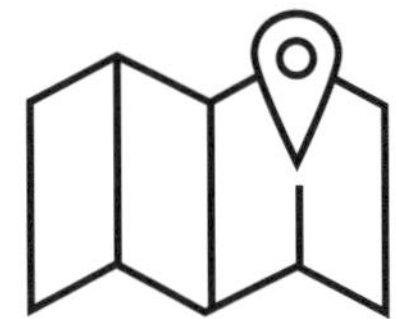

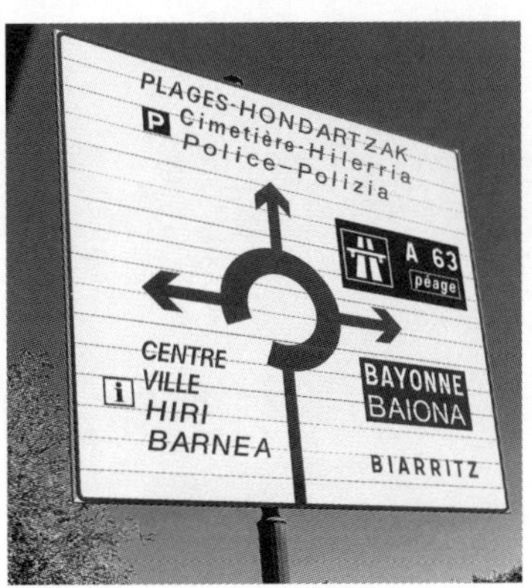

標識から，観光案内所（i）は街の中心部（ le centre-ville）にあることがわかります。

82

167

3 インバウンド

Vous cherchez quelque chose ?
何かお探しですか。

おさえておきたい表現

168

□ お手伝いしましょうか。	Je peux vous aider ?
□ 何かお探しですか。	Vous cherchez quelque chose ?
□ ここは撮影禁止です。	Il est interdit de photographier ici.
□（クレジット）カードは使えません。	On n'accepte pas la carte (de crédit).
□ 靴を脱がなければなりません。	Il faut vous déchausser.
□ まだ開いていません。	C'est encore fermé.

文化や習慣の違いから，「日本では～しなければなりません」と説明するときは，**Il faut ....** を用いましょう。非人称を使うことで，**Vous devez ....** よりも婉曲的に伝えることができます。**Il faut** 自体は少し強めの表現ですが，条件法（語気緩和）にすると却って伝わりにくくなりますので，ここは直説法のまま用いましょう。

地下鉄の駅表示（パリ）。

バスの停留所の到着状況（パリ）。

バスの乗車券販売機（ブザンソン）。

83

Exercices

169 **1** ミナと警察官の会話を聞き，(　　　)に入る語を書き取りましょう。

《*au commissariat*》

Mina **Bonsoir monsieur l'agent. J'(　　　)(　　　) mon sac.**

agent de police **Il est (　　　), votre sac ?**

Mina **Il est (　　　) et (　　　).**

agent de police **(　　　) est-ce que vous l'(　　　)(　　　) ?**

Mina **Devant le musée.**

agent de police **Qu'est-ce qu'(　　　)(　　　)(　　　) dans votre sac ?**

Mina **(　　　)(　　　)(　　　) mon passeport et mon portefeuille.**

agent de police **(　　　)(　　　) faire une déclaration de perte. Remplissez ce formulaire, s'il vous plaît.**

170 **2** ミナと観光客の会話を聞き，(　　　)に入る語を書き取りましょう。

《*à la gare*》

Mina **(　　　)(　　　) quelque chose, monsieur ?**

touriste **Oui, je (　　　)(　　　) à Ueno, mais, je (　　　)(　　　)(　　　) quelle ligne prendre.**

Mina **(　　　)(　　　) à Ueno, (　　　)(　　　) la ligne Ginza, direction Asakusa. C'est la (　　　) station.**

touriste **Merci beaucoup. (　　　)(　　　)(　　　)(　　　) un bon restaurant à Ueno ?**

Mina **(　　　), (　　　)(　　　)(　　　) un très bon restaurant de katsudon (　　　)(　　　)(　　　) parc. (　　　)(　　　) vous déchausser.**

touriste **Pas de problème. J'(　　　) déjà (　　　) l'habitude. Je (　　　) essayer ce restaurant. Merci, mademoiselle.**

Mina **Je vous en prie. Bon séjour à Tokyo !**

1回目	2回目	3回目	達成率
年　月　日	年　月　日	年　月　日	97 %

フランス国内の移動

大都市間はTGVでの移動が便利です。TGVが通過しない街へはIntercités（要予約）やTER（予約不可）を利用します。改札口はないので，乗客はホーム（le quai）などにある自動改札機（le composteur）という機械で，自分でcomposter（改札印を入れること）します。長距離の移動で時間を節約したい場合は，格安航空会社を含めた国内便も検討を。その場合は，乗り継ぎ時間はもちろん，機内に持ち込む荷物の内容にも注意しましょう。規定量を超えたお土産用のマスタードやジャムといった瓶詰が，うっかり手荷物に入ったまま没収されてしまった…なんてことにならないように！

TGVの自動改札機。

《答え》【1】ai perdu // comment // petit, noir // Où, avez perdu // il y a // Il y a // Il faut

《警察署で》

ミナ　すみません，お巡りさん。バッグを紛失しました。
警察官　あなたのバッグはどんなですか。
ミナ　小さくて黒いです。
警察官　あなたはそれをどこで紛失しましたか。
ミナ　美術館の前です。
警察官　バッグの中には何が入っていますか。
ミナ　パスポートと財布が入っています。
警察官　紛失証明書を作成しなければなりません。この用紙に記入してください。

【2】Vous cherchez // voudrais aller, ne sais pas // Pour aller, vous prenez, troisième // Vous ne connaissez pas // Si, il y a, à côté du, Il faut // ai, pris, vais

《駅で》

ミナ　何かお探しですか。
観光客　はい，上野に行きたいのですが，どの線に乗ればいいのかわからないのです。
ミナ　上野に行くには，銀座線の浅草方面に乗ります。3つ目の駅です。
観光客　ありがとうございます。上野の美味しいレストランを知りませんか。
ミナ　はい。公園の隣に，とても美味しいカツ丼店があります。靴を脱がなければなりませんが。
観光客　大丈夫です。慣れましたから。そのレストランに行ってみます。ありがとうございました。
ミナ　どういたしまして。よい東京滞在を！

 第 4 週（16 日目〜18 日目）のまとめ問題

84

16 日目　色々な構文

1 **Il est ... de ~** を使って，フランス語に訳しましょう。

① 仕事をするのは大切です。［**important**］

② この歌を歌うのは難しいです。

③ フランス語を学ぶのは楽しいです。［**amusant**］

④ 音楽を聞くのはリラックスできます。［**relaxant**］

⑤ このケーキを作るのは簡単です。

2 ［　　　］の語を使って，フランス語に訳しましょう。

① 私のよく知る先生は，京都に住んでいます。［**connaître**］

② 私が市場で買う果物は，とても新鮮です。［**les fruits**，**frais**］

③ 私がフランスへ行った年は，とても暑かったです。［**l'année**］

④ 私の母が好きな色は，ベージュです。［**la couleur**，**le beige**］

⑤ ミナがいつも行く市場は，駅の近くです。［**le marché**，**près de**，**la gare**］

3 あなた自身について，ジェロンディフを使って答えましょう。

① **Est-ce que vous mangez et regardez votre portable en même temps ?**

（**en même temps** 同時に）

あなたは携帯を見ながら食べますか。

② **Est-ce que vous riez et pleurez en même temps ?**

あなたは泣きながら笑いますか。

③ **Est-ce que vous parlez et dormez en même temps ?**

あなたは寝ながら話しますか。

④ **Est-ce que vous travaillez et bavardez en même temps ?**

あなたはおしゃべりしながら仕事をしますか。

⑤ **Qu'est-ce vous faites en même temps que vous étudiez ?**

あなたは勉強しながら何をしますか。

達成率
98 %

17 日目　複合過去，半過去，単純未来

1 フランス語で答えましょう。

① Est-ce que vous avez étudié le français hier ?
あなたは昨日フランス語の勉強をしましたか。

② Est-ce que vous avez pris votre déjeuner aujourd'hui ?
あなたは今日，昼食をとりましたか。

③ Où est-ce que vous êtes allé(e) ce week-end ?
あなたは先週末どこへ行きましたか。

④ Est-ce que vous vous êtes promené(e) hier soir ?
昨夜，散歩をしましたか。

⑤ Qu'est-ce que vous avez bu ce matin ?
あなたは今朝，何を飲みましたか。

2 複合過去または半過去に活用させましょう。

① Vous (étudier : 　　　) quoi quand vous (être : 　　　) à l'université ?
あなたが大学にいた頃，何の勉強をしていましたか。

② Quand Léa (arriver : 　　　), elle (rencontrer : 　　　) son professeur.
レアが到着したとき，彼女は先生に会いました。

③ J' (habiter : 　　　) à Pékin l'année dernière pendant six mois.
私は去年 6 か月間，北京に住んでいました。

④ Avant, Jim (aller : 　　　) à l'école en France.
以前，ジムはフランスの学校に通っていました。

⑤ Mina (écouter : 　　　) de la musique quand sa mère (rentrer : 　　　).
母親が戻ったとき，ミナは音楽を聞いていました。

171 **3** 文を聞いて，(　　　) に入る語を書き取り，《　　》に原形を書きましょう。

① Je (　　　) un régime demain.　《　　　》

② Tu (　　　) le directeur tout à l'heure ?　《　　　》

③ Nous (　　　) au Vietnam en bateau.　《　　　》

④ Vous (　　　) pourquoi il ne vient pas.　《　　　》

⑤ Ils (　　　) travailler dimanche.　《　　　》

▶20日目 第 4 週（16 日目〜 18 日目）のまとめ問題

85

18日目　色々な法

172 **1** 文を聞いて，(　　　)に入る命令法と代名詞を書き取りましょう。

① **Tu vas voyager en Bretagne ? (　　　　　　) une carte postale.**

② **Léna veut vous parler. (　　　　　　) tout de suite.**

③ **Noé est bizarre aujourd'hui. (　　　　　　).**

④ **Je peux mettre du lait dans votre café ?**
— Oui. (　　　　　　) un peu, s'il vous plaît.

⑤ **(　　　　　　), (　　　　　　) ton problème. Ils vont t'aider sans doute.**

2 条件法と［　　　］の語を使って，フランス語に訳しましょう。

① 来る場合は，私に電話して。［au cas où, tu, téléphoner］

② もう一切れください。［vouloir, avoir, une autre tranche］

③ 休暇中，私は海に行くのになあ。［pendant les vacances, aller à la mer］

④ 涼しければ，よく眠れるのに。［il fait frais, on, dormir］

⑤ 私はお金持ちだったら，アメリカに住むのに。［riche］

3 接続法と［　　　］の語を用いて，フランス語に訳しましょう。

① 私は 11 時に出発しなければなりません。［il faut, partir］

② 私はあなたが家事をしてくれて嬉しいです。［content(e), faire le ménage］

③ 明日は晴れるといいなあ。［espérer, demain］

④ 子どもたちが喜ぶために，私はケーキを作りました。
［faire un gâteau, pour que, content(e)］

⑤ 彼が私たちを待つとは思いません。［penser, attendre］

《答え》

16日目

【1】① Il est important de travailler.
② Il est difficile de chanter cette chanson.
③ Il est amusant d'étudier le français.
④ Il est relaxant d'écouter de la musique.
⑤ Il est facile de faire ce gâteau.

【2】① Le professeur que je connais bien habite à Kyoto.
② Les fruits que j'achète au marché sont très frais.
③ L'année où je suis allé(e) en France, il faisait très chaud.
④ La couleur que ma mère aime(, c')est le beige. / La couleur qu'aime ma mère(, c')est le beige.
⑤ Le marché où Mina va toujours est près de la gare. / Le marché où va toujours Mina est près de la gare.

【3】① Oui, je mange en regardant mon portable. / Non, je ne mange pas en regardant mon portable.
② Oui, je ris en pleurant. / Non, je ne ris pas en pleurant.
③ Oui, je parle en dormant. / Non, je ne parle pas en dormant.
④ Oui, je travaille en bavardant. / Non, je ne travaille pas en bavardant.
⑤ 解答例 Je vais sur Internet en étudiant. / J'écoute de la musique en étudiant.

17日目

【1】① Oui, j'ai étudié le français hier. / Non, je n'ai pas étudié le français hier.
② Oui, j'ai pris mon déjeuner aujourd'hui. / Non, je n'ai pas (encore) pris mon déjeuner aujourd'hui.
③ 解答例 Je suis allé(e) au cinéma / à la boulangerie ce week-end.
④ Oui, je me suis promené(e) hier soir. / Non, je ne me suis pas promené(e) hier soir.
⑤ 解答例 J'ai bu du café / de l'eau ce matin.

【2】① étudiiez, étiez ② est arrivée, a rencontré ③ ai habité ④ allait ⑤ écoutait, est rentrée
＊③ pendant six mois と明記されているので複合過去を使います。

【3】① ferai, faire ② verras, voir ③ irons, aller ④ saurez, savoir ⑤ devront, devoir

① 私は明日ダイエットをするでしょう。
② 君は後で部長に会うの？
③ 私たちは船でベトナムに行くでしょう。
④ あなたは，彼がなぜ来ないかわかるでしょう。
⑤ 彼らは日曜日に仕事をしなければならないでしょう。

▶20日目 第4週（16日目～18日目）のまとめ問題

18日目

【1】①Envoie-moi　②Téléphonez-lui　③Regarde-le　④Mettez-en　⑤Vas-y，raconte-leur

①ブルターニュへ旅行をするの？　私に絵葉書を送ってね。
②レナはあなたに話がしたいです。今すぐ彼女に電話してください。
③今日，ノエが変なの。彼を見て。
④あなたのコーヒーにミルクを入れてもいいですか。―― はい，少し入れてください。
⑤やってごらん，彼らに君の悩みを話してみて。おそらく君のことを助けてくれるから。

【2】①Au cas où tu viendrais, téléphone-moi.
②Je voudrais avoir une autre tranche(, s'il vous plaît).
③Pendant les vacances, j'irais (bien) à la mer.
④S'il faisait frais, on dormirait bien.
⑤Si j'étais riche, j'habiterais aux États-Unis.
＊③bien をつけると願望のニュアンスが加わります。

【3】①Il faut que je parte à onze heures.
②Je suis content(e) que vous fassiez le ménage.
③J'espère qu'il fait / fera beau demain.
④J'ai fait un gâteau pour que mes enfants soient content(e)s.
⑤Je ne pense pas qu'il nous attende.

1回目	2回目	3回目	達成率
年　月　日	年　月　日	年　月　日	100%

生活の中の命令法

vous に対する命令法は，日常生活のさまざまなシーンで頻繁に目にします。たとえば，画像①のポスターでは動詞 voter の命令形が使われ，「あなたの住む村を，東フランスの最も美しい村として投票してください」と書かれています。では，②～④の画像では，何の動詞の命令法が使われているでしょうか。また，その意味も考えてみましょう。

①

②

③

Si vous entrez,
Souriez,
vous serez filmé

④

CONSEILS DE PRÉPARATION :
Préchauffez votre four à th. 7 (210°C). Enlevez la tarte de l'emballage plastique. Retirez le moule aluminium. Enfournez à mi-hauteur sur une grille pendant 12 minutes environ à 210°C. Sortez du four et servez chaud.
Nous vous déconseillons l'usage du four à micro-ondes pour réchauffer ce produit.

答え：② 命令法の動詞は **rester**（とどまる）。**rester au lit toute la journée**（1 日中布団の上で過ごす）にもじって，「1 日中ジュースを飲んで過ごしましょう。」と謳っています。③ 命令法の動詞は **sourire**（笑う）。「もし入るなら，笑ってください。撮影されますよ。」の意味で，「関係者以外立ち入り禁止」をユーモラスに伝えています。④ 命令法の動詞は **préchauffer**（予熱する），**enlever**（取り出す），**retirer**（取り外す），**enfourner**（オーブンで焼く），**sortir**（外に出す），**servir**（いただく）。冷凍食品（お惣菜タルト）の箱に書かれた調理法についての指示です。

浅見 子緒（あさみ・しお）

フランス語講師・翻訳者。上智大学外国語学部フランス語学科卒業。慶應義塾湘南藤沢高等部，レコール・バンタン講師。

著書に『使える・話せる・フランス語表現』『今すぐ書けるフランス語レター・E メール表現集』『快速マスターフランス語』『フランス語会話フレーズ600』（以上，語研刊）『私だけのフランス語手帳』（実務教育出版刊）があるほか，『プティットゥ・コンヴェルサスィオン』（ロイク・ホゲス著・駿河台出版社刊）の執筆協力や『モロッコで出会った街角レシピ』（口尾麻美著・グラッフィック社刊）でフランス語指導に携わる。

【校閲協力】

ロイク・ホゲス，松木 瑶子

1 か月で復習する
フランス語 基本の文法

2021 年 10 月 25 日　初版第 1 刷発行
2022 年 12 月 30 日　第 2 刷発行

著　者　浅見 子緒
制　作　ツディブックス株式会社
発行者　田中 稔
発行所　株式会社 語研
〒101-0064
東京都千代田区神田猿楽町 2-7-17
電　話　03-3291-3986
ファクス　03-3291-6749
振替口座　00140-9-66728
組　版　ツディブックス株式会社
印刷・製本　シナノ書籍印刷株式会社

ISBN978-4-87615-373-2 C0085
書名　イッカゲツデフクシュウスル フランスゴ キホンノ ブンポウ
著者　アサミ　シオ

株式会社 語研

語研ホームページ https://www.goken-net.co.jp/

本書の感想はスマホから ↓